조선의 왕은 어떻게 죽었을까

태조에서 순종까지, 왕의 사망 일기

조선의 왕은 어떻게 죽었을까

정승호·김수진 지음

인물과
사상사

추천의 글

조선 왕들의 사망 원인을 궁금해하지 않는 독자가 어디 있을까? 조선 왕들의 질병 치료 기록은 아직 연구되지 않은 미개척 분야이며, 여전히 미궁 속에 있는 질병이 가득하다. 이 책은 그런 궁금증을 해결할 수 있는 내용을 담았을 뿐만 아니라 한의학적 관점에서도 새로운 시각을 제시해주고 있다. 자신의 건강을 체크할 수 있는 많은 질병이 이 책에 소개되고 있어 질병 속에서 살아가는 현대인들에게 필독서가 될 만하다.

- 김형준(한의학 박사, 생명나무가꾸는사랑의한의원 원장)

『조선왕조실록』에 나타난 단편적인 왕들의 질병 기록을 현대 의학적 견해로 추론해나가는 과정을 보면서 인문학자와 의학자의 학문적 융합이 얼마나 중요한지 새삼 느꼈다. 그동안 『조선왕조실록』을 중심으로 조선 왕들의 질병에 관한 많은 연구가 있었지만, 그 질병이 당시의 보건 환경이나 현대 의학과 어떤 연관이 있는지, 질병의 원인이 음식이나 식습관 때문은 아닌지에 대한 연구는 본격적으로 진행되지 않았다. 이 책은 조선 왕들의 식습관이 그들의 질병에 어떠한 영향을 주었는지, 사망 원인이 왕의 개인적인 성격 때문인지, 아니면 다른 원인에 의해서였는지를 추적한다. 재미있고 유익한 책이라 적극 추천한다.

— 김태균(가정의학과 전문의, 춘천호반요양병원 원장)

조선의 왕들은 정비는 한 명이었지만, 후궁은 여럿을 두었다. 당시 취약한 보건 환경상의 문제 등으로 대부분의 왕은 성인성 질환에 취약했다. 성종은 등창과 폐병을 앓았고, 세종은 임질을 앓았다. 이러한 증상은 오늘날 성인성 질환이 진행되기 전 징조를 말한다. 이외에도 많은 조선의 왕이 후사를 낳기 위해 혹은 정신적 스트레스를 달래기 위해 종마처럼 살았다. 이 책은 『조선왕조실록』과 『승정원일기』 등을 통해 조선 왕들의 질병의 원인을 상세하게 밝히고 있다.

— 김성태(의학 박사, 연세비뇨기과병원 원장)

● 일러두기

1. 『조선왕조실록』은 국사편찬위원회 국역본(http://sillok.history.go.kr)을 참고했다.
2. 본문에 나오는 날짜는 모두 음력이다.
3. 단행본·신문은 『 』, 기사·논문은 「 」로 표기했다.
4. 이 책에 수록된 사진 중에서 출처를 찾기 위해 노력을 다했지만, 누락된 것이 있다면 출처가 확인되는 대로 게재 허락을 받고 통상의 기준에 따라 사용료를 지불하겠습니다.

※ 이 책은 '한국연구재단 학술·인문사회사업'의 지원을 받았습니다.

머리말

조선의 왕들은 태어나서 죽을 때까지 국가의 관리를 받았다. 먹고 자는 것에서부터 크고 작은 병까지 왕의 몸에서 일어나는 온갖 일을 국가가 관리했다. 그리고 당대 최고의 명의라고 할 어의들과 최고의 지식인이라고 할 대소신료들이 왕의 몸을 치밀하게 살펴 병을 진단하고 처방했다.

그러나 조선 왕들의 평균수명이 47세라는 것을 보면 왕 노릇하기가 정말 힘들었는지, 아니면 그들의 타고난 성격이나 잘못된 생활 습관 때문에 이른 나이에 죽음에 이르렀는지 의문이 든다.

천하를 손에 넣고 호령하며 안정적인 삶을 누렸던 조선의 왕들은 일반 백성들보다 스트레스를 적게 받았다. 거기에 몸에 좋은 값비싼 음식과 희귀한 보약을 몸에 달고 살았다. 그렇지만 몇몇 왕을 제외하고 대부분 천수天壽를 누리지 못하고 모두 단명短命했다.

조선 왕들의 사망 원인은 그 시기에 편찬된 의서나 『조선왕조실록』·『승정원일기』·『일성록』 등을 살펴보면 어느 정도 알 수가 있다. 다만 『조선왕조실록』에는 왕들의 질병에 대한 증상만 기록되어 있어 정확한 사망 원인을 밝히기는 어렵다.

건강을 소중히 여기는 사람들은 식이요법을 통해 음식을 조절하고 스트레스를 받지 않기 위해 노력한다. 하지만, 인간의 수명은 생활 습관이나 체질, 삶을 살아가면서 얻게 되는 스트레스에 따라 달라질 수밖에 없다.

조선시대 일반 백성의 평균수명은 40세로 추정된다. 반면 조선 왕들의 평균수명은 47세다. 40세도 넘기지 못한 왕이 11명이나 되고, 60세를 넘긴 왕도 많은 편은 아니다. 장수한 왕에는 태조(74세)·정종(63세)·숙종(60세)·영조(83세)·고종(68세) 등이고, 여기에 광해군(67세)을 포함하면 단 6명뿐이다. 그렇다면 조선의 왕들이 단명한 이유는 무엇이었을까?

『조선왕조실록』을 통해 밝혀진 왕들의 사망 원인은 당뇨병, 울화병, 불면증과 같은 성인병과 등창, 피부병, 성병과 같은 성인성 질환, 폐결핵이나 폐렴과 같은 선천성 유전병 등이다. 이 병들은 흔히 과식, 과음, 과색過色에 의한 것과 정치적인 상황으로 인한 과도한 스트레스가 작용한 것으로 보인다. 또한 일부 학자들은 왕의 수명은 부모에게서 물려받은 유전자에 기인한 것이라고 주장한다.

왕권이 약해진 조선 후기에는 왕의 수명이 더 짧아지는 경향을 보였다. 하지만 조선 초기의 왕들은 왕좌에서 물러난 뒤에도 오랫동안 살았다. 태조 이성계는 왕좌에서 물러난 뒤 10년이나 더 살았다. 평생을 전쟁터에서 보낸 터라 끊임없는 훈련과 절제된 음식 덕분에 건강한 체력을 유지했던 것이다. 정종은 어렸을 때부터 허약했지만, 운동으로 건강관리를 해서 63세까지 살았다. 특히 격구를 즐겼는데, 신하들에게서 격구를 자제하라는 청을 들을 정도였다.

광해군도 재위 기간에는 화병을 비롯한 여러 가지 질병을 앓았지만, 49세 때 폐위된 뒤 67세까지 살았다. 광해군 역시 임진왜란 때 직접 전투에 참여할 만큼 매우 활동적이었다. 장수한 왕 대부분이 적당한 운동과 소식과 채식 위주의 음식을 섭취했고, 반면에 고기를 좋아해 과식과 과색을 즐겨했던 세종이나 성종과 같은 왕은 장수하지 못했다.

이와 같이 조선 왕들의 직접적인 사망 원인은 수도 없이 많다. 조선 왕들의 사망 원인에 대한 의문을 해소하고자 『조선왕조실록』과 『승정원일기』 등 수많은 고문헌과 의학 서적을 참고했다. 조선 왕들의 사망 원인이 타고난 유전자 때문인지, 잘못된 식생활과 과음·과식이나 지나친 성생활로 인한 성인성 질환인지, 그것도 아니면 다른 원인에 의해 사망에 이르게 되었는지를 살펴보았다.

『조선왕조실록』에 기록될 왕은 대부분 현왕現王의 아버지이고, 신하들은 생존해 있는 경우가 대부분이다. 그래서 실록 편찬에 살아 있는 권력의 간섭을 막는 것이 절대적 과제였다. 이런 이유로 대신들은 물론 후왕도 실록을 볼 수 없었다. 선왕 때의 일을 알고 싶은 경우 해당 부분만 따로 등사해 국정에 참고하게 했을 뿐이다. 그래서 『조선왕조실록』은 『명사』, 『청사고』와 달리 살아 있는 권력을 원천적으로 차단했다. 조선의 선비들은 당대의 진실을 후대에 전하기 위해 목숨을 걸었고, 실록을 편찬한 사관들은 목숨을 잃기까지 했다.

  그러나 목숨을 걸면서까지 사실을 기록한 왕은 일부 선왕에 불과하고, 대부분은 선왕을 칭송하는 쪽으로 작성된 것도 사실이다. 반역으로 왕권을 잡거나 선왕의 훌륭한 업적은 다음 왕에게는 부담일 수밖에 없고, 그래서 실록은 새로운 왕권에 의해 수정되고 재편찬되는 것이 일반적이었다.

  이 책은 조선 왕들의 일상과 그들이 즐겨 먹었던 음식들로 인해 그들이 어떤 질병으로 사망했는지, 고질적인 식습관은 질병에 어떤 영향을 미쳤는지를 살펴볼 것이다. 그리고 그러한 식습관을 불러온 가족사와 개인적인 성품 등이 질병과 어떤 관계가 있었는지도 살펴볼 것이다. 이 책을 집필하게 위해 수많은 자료를 탐색하고, 왕의 탄생과 죽음과 관련된 역사적인 장소를 찾아다녔다. 이 수많은 자료를 간소하게 엮어내는 것이 조금은 아쉬움이 남는다.

  그동안 이 책을 집필하기 위해 물심양면으로 도움을 주신 분들에게 감사의 말씀을 드린다. 아울러 공동 저자인 남서울대학교 호텔경영학과 김수진 교수는 외식 산업 분야의 전문가로서 조선 왕들의 식습관과 음식, 술에 대한 폭넓은 지식을 제공해주었다. 이외에도 한의학과 의학 분야에서 도움을 주신 많은 박사님께도 감사의 인사를 전한다.

2021년 3월
서울 도봉산 인수봉이 바라보이는 연구실에서

―――――― 차례 ――――――

추천의 글 … 4   머리말 … 7   프롤로그 … 16

【제1대】태조

신덕왕후 강씨와 두 아들의 죽음 … 23 | 중원의 황제가 되는 길 … 27 | 알츠하이머병과 우울증을 앓다 … 30

【제2대】정종

격구와 사냥을 즐기다 … 35 | 재위 2년 2개월, 상왕 19년 … 38 | 불면증에 시달리다 … 41 | '기생한 왕'과 '허수아비 왕' … 45

【제3대】태종

허약한 체질의 소심한 왕 … 49 | 애간장이 마음과 몸에 축적되다 … 53 | 목이 뻐근하고 팔이 시리다 … 57

【제4대】세종

육식을 좋아했던 대식가 … 59 | 닭, 꿩, 양고기를 처방하다 … 62 | 안질과 임질로 고생하다 … 65 | 척추에 염증이 생기고 움직임이 둔해지다 … 67

【제5대】문종

등에 난 종기 … 71 | 꿩고기가 독살의 증거인가? … 75 | 종기가 암 덩어리는 아니었을까? … 77

【제6대】단종

"나를 죽일 수 있는 자가 없다" … 81 | 가장 불운했던 왕이자 가장 단명했던 왕 … 85 | 죽음의 공포로 인해 생긴 구역질 … 87

【제7대】 세조

친족을 살해한 죄책감 ··· 91 │ 문수보살의 도움으로 피부병을 치료하다 ··· 95 │ 악행을 저지르고 깨끗한 병으로 죽는 왕은 없다 ··· 98

【제8대】 예종

족질을 앓다 ··· 103 │ 예종은 독살된 것일까? ··· 107 │ 허위로 작성된 유교 ··· 109

【제9대】 성종

야음을 틈타 궁궐 밖으로 나가다 ··· 113 │ 감기와 종기로 고생하다 ··· 117 │ 과도한 음주와 성생활 ··· 120 │ 대장암으로 사망하다 ··· 122

【제10대】 연산군

사슴을 활로 쏴 죽이다 ··· 127 │ 소변을 찔끔찔끔 자주 보다 ··· 130 │ 연산군의 광기의 원인 ··· 133 │ 연산군은 살해되었을까? ··· 136

【제11대】 중종

산증과 종기를 앓다 ··· 139 │ 똥물을 마시다 ··· 142 │ 대변을 보지 못하다 ··· 145

【제12대】 인종

주다례를 지내다 ··· 149 │ 문정왕후가 궁궐 밖에 나가다 ··· 153 │ 원인을 알 수 없는 불명열 ··· 156

【제13대】 명종

학질과 감기를 앓다 ··· 161 │ 후사를 정하지 못하다 ··· 165 │ 허혈성 심장질환을 앓다 ··· 167

【제14대】 선조

학문에 밝고 합리적인 왕 … 171 │ 위장병과 이명을 앓다 … 174 │ 인목왕후가 선조의 임종을 지킨 이유 … 179

【제15대】 광해군

화증과 심질을 앓다 … 183 │ 임진왜란과 왕위 계승 … 187 │ 노력하고 힘써서 피로한 병 … 190 │ 광해군이 장수한 이유 … 192

【제16대】 인조

가장 무능한 왕 … 195 │ 학질로 사망하다 … 199 │ 여우 뼈의 저주 … 201 │ 조현병을 앓다 … 204

【제17대】 효종

욱하는 성질과 식탐 … 207 │ 머리에 생긴 종기 … 211 │ 과다 출혈로 사망하다 … 214

【제18대】 현종

위장병과 안질을 앓다 … 219 │ 죽는 순간까지 고통을 호소하다 … 222 │ 슬픔이 지나쳐 병이 되다 … 225

【제19대】 숙종

다혈질적인 성격 … 229 │ 애간장을 태우다 … 233 │ 잊을 수 없는 원수 같은 질환 … 235 │ 종기로 고생하다 … 237

【제20대】 경종

생모의 비극적인 죽음 … 241 │ 게장과 생감 … 244 │ 발작성 경련과 간질 … 247

【제21대】 영조

두 얼굴의 왕 … 249 | "회충은 사람과 함께 사는 인룡이다" … 252 | 천수를 누리다 … 255

【제22대】 정조

아버지의 죽음을 보다 … 259 | 담배 애연가 … 261 | 종기로 고생하다 … 264 | 정신이 혼미해지는 증상 … 267

【제23대】 순조

신경질적이고 내향적인 왕 … 271 | 가위눌림과 종기 … 273 | 왕에게 조동과 황홀하는 징후가 있다 … 276

【제24대】 헌종

세도정치의 그늘에서 벗어나지 못하다 … 281 | 죽음으로 몰고 간 질병 … 284 | 궁녀와 녹용 … 288

【제25대】 철종

마음도 몸도 지쳐버린 어리석은 왕 … 293 | 한약을 먹다 … 297 | 정치적 무력감과 좌절감 … 301

【제26대】 고종

늦게 자고 야식을 즐기다 … 303 | 불면증과 스트레스 … 307 | 식혜를 마신 후 사망하다 … 309 | 독약을 타서 시해하다 … 311

【제27대】 순종

수두와 두창을 앓다 … 315 | 음식물이 체해 일어나는 설사 … 318 | 고자와 무자식 … 320

참고문헌 … 324

프롤로그

조선의 왕들은 풍요로운 의식주 생활과 최고의 의료 혜택을 누렸지만, 평균수명이 50세를 넘기지 못했다. 이러한 원인에 대해 학자들마다 주장이 다르지만, 다음과 같이 크게 몇 가지로 요약된다.

첫째, 조선시대의 의학적 한계였다. 조선 왕들의 질병과 사망 원인 중 제일 많았던 것은 종기腫氣였다. 소독약과 항생제가 없었던 시절에 종기는 생명을 위협하는 무서운 질병이었다. 조선의 왕 27명 중 절반에 가까운 12명이 종기를 앓았다. 종기로 상당 기간 고통을 호소한 왕도 있고, 종기로 사망에 이른 왕도 있었다.

그 대표적인 왕으로는 문종, 성종, 연산군, 중종, 광해군, 효종, 현종, 숙종, 경종, 정조, 순조, 헌종이다. 이러한 원인은 잘못된 보건 개념으로 인한 불결한 위생 습관이 한몫을 했다.

둘째, 힘들었던 궁중 생활이다. 왕의 50세는 곧 보통 사람의 60~70세에 해당한다. 조선의 왕들이 단명한 이유로 정신적인 스트레스나 기름진 음식과 과도한 주색酒色을 즐겼기 때문으로 보는 견해가 있다. 특히 조선 왕들의 건강을 해쳤던 생활 습관으로 무절제, 지나친 호의호식과 그에 비해 운동이 부족했던 점을 들 수 있다.

과다한 영양 섭취로 인한 운동 부족은 비만으로 이어지고 비만은 혈액성 염증 질환으로 진행되었을 가능성이 많다. 혈액성 염증 질환은 고혈압, 고지혈, 심장마비 등을 일으켜 뇌출혈이나 심경근색으로 사망에 이르게 한다.

셋째, 스트레스로 인한 각종 성인성 질환을 들 수 있다. 조선의 왕들을 괴롭힌 대부분의 질병은 스트레스로 인한 것이다. 스트레스를 받기 쉬운 왕의 생활은 아무리 건강한 체질을 타고난 사람이라고 할지라도 병에 걸리지 않고 버티기가 어렵다. 그렇기 때문에 왕이라는 자리 때문에 생긴 병은 그 자리를 박차고 나오지 않는 한 낫지 않는다.

세조뿐만 아니라 연산군, 중종, 광해군, 숙종 모두 스트레스로 인한 화병이 병의 근원이 되었다. 거기에다 육체적인 피로와 과로가 그들의 건강 악화를 부채질해 조선의 왕들은 근본적으로 내성외왕內聖外王을 추구했다. 내적으로는 성인 같은 인격을 닦고,

외적으로는 왕다운 왕 노릇을 하라는 것이었다. 성인이 되기 위해서 학문에 매진하는 것은 당연지사였고, 여기서 더 나아가 왕의 성리학 경전 공부를 제도화해 하루 2회 하도록 하는 경연經筵은 엄청난 압박이었다.

넷째, 선천성 유전자에 의한 유전병을 들 수 있다. 조선의 왕들 중 단명한 왕들은 혹시 부왕父王의 영향을 받아 단명한 것은 아닐까 의심해볼 수 있다. 조선 왕들의 사망이 단순히 유전에 의한 것인지를 살펴보기 위해 27대 왕 중에서 단명한 왕들의 부모와 조부·조모에 대한 가계도를 살펴볼 필요가 있다.

단명한 왕은 문종(39세), 단종(17세), 예종(20세), 성종(38세), 연산군(31세), 인종(31세), 명종(34세), 현종(34세), 경종(37세), 헌종(23세), 철종(33세)이다. 그러나 단종은 세조에 의해 살해당해 질병으로 죽지 않았다. 대체적으로 단명한 왕들은 부모, 조부·조모보다 일찍 사망했다. 결국 유전에 의해 단명한 것으로는 보이지 않는다. 게다가 조선의 왕들은 왕이 되기 전에 세자로 책봉되는데, 선천성 유전병을 타고난 왕자는 세자로 책봉되지 못했을 것이다.

다섯째, 독살에 의한 사망이다. 조선의 왕 중에 인종, 선조, 효종, 현종, 경종, 정조, 고종 등이 독살설의 주인공이다. 이 중에서 인종을 제외한 6명의 왕은 임진왜란 이후에 독살로 사망했는데, 왕의 독살은 임진왜란으로 생명이 다한 조선이 비정상적인 정치 형태 속에서 생명을 유지하는 방법이었다는 주장이 있다. 당쟁이 치열해지면서 '반정反正'과 왕의 '독살'은 둘 다 신하들이 왕을 선택하는 택군擇君의 결과라는 점에서 동전의 양면과 같다.

독살의 방식은 주로 음식에 독을 넣는 방법을 사용했다. 왕의 식사를 담당했던 사옹원司饔院은 궁궐의 음식을 맡아 운영하는 기관이었다. 여기에는 총책임자인 제거提擧가 있고, 제거 밑에는 재부宰夫·선부膳夫·조부調夫·임부飪夫·팽부烹夫가 있어 음식 관련 일을 담당했다. 이들 밑에는 잡역에 동원되는 노비로 구성된 자비差備가 있었다.

조선의 왕실에서 조리를 담당했던 책임자는 언제든지 왕을 시기하는 역적들과 역모를 통해 왕의 음식에 독을 넣을 수 있지 않을까 하는 추측을 해볼 수 있다. 하지만 조선시대는 유교적인 논리로 무장한 국가였으며, 왕의 사생활도 결코 자유롭지 못했다. 따라서 왕의 독살은 매우 어려운 일이었으리라 생각되며, 실록은 독살에 대한 상세한 기록이 없다.

여섯째, 음주로 인한 수명 단축이다. 조선의 왕들 중 술을 좋아한 호주가好酒家를 꼽는다면 태종, 세조, 영조를 들 수 있다. 그중 최고의 호주가는 영조가 아닐까 한다. 이 왕들은 술을 자주 마시다 보니 자연히 주량도 강했다. 즉위 이전이나 재위 중 어려운 일을 많이 겪은 왕들은 대체로 술을 좋아했던 것 같다. 태종은 왕자의 난을 통해 골육상잔의 아픔을 겪었고, 세조는 계유정난으로 조카 단종을 몰아냈다. 영조는 미천한 무수리의 아들로 태어나 왕위에 오르는 데 많은 고초를 겪었다. 즉, 왕의 주량은 당대의 정국 동향과 밀접한 관계가 있었다.

반면에 비교적 순탄한 재위 기간을 보낸 세종, 성종, 효종 등은 술을 별로 좋아하지 않았고, 그만큼 주량도 약했다. 효종은 세자 시절에 술을 끊어 재위 기간에는 음주를 하지 않았다. 조선의 왕들 중에 술을 가장 싫어했던 왕은 세종이었다. 『세종실록』에는 "세종은 원래 주량이 약해 술을 좋아하지 않았다. 그럼에도 부왕인 태종과 신하들이 술을 강권하는 바람에 거절하느라 큰 곤욕을 치른 적이 한두 번이 아니었다"라고 기록되어 있다. 물론 이것은 세종을 미화하기 위한 내용에 불과할지 모른다. 『세종실록』을 좀더 상세히 들여다보면 세종이 음주를 잘했다는 내용이 여기저기에서 나온다.

일곱째, 과다한 영양 섭취로 인한 혈액성 염증 질환으로 사망했다. 조선의 27대 왕 중 사망 원인이 소갈증(당뇨병)나 등창, 피부병, 노인성 질환으로 기록되어 있는 태조, 세종, 문종, 세조, 성종, 중종, 숙종, 영조 등은 대부분 과식과 고지방성 음식을 섭취해 혈액성 염증 질환을 앓았던 것으로 추측된다. 혈액성 염증 질환의 원인은 고지방이나 고칼로리 음식이다. 활동량에 비해 음식을 너무 많이 먹은 탓에 신체 균형이 깨져 심장병 같은 당뇨 합병증이 생길 수 있다.

여덟째, 성교에 의한 질병을 들 수 있다. 태종뿐만 아니라 세종, 성종, 연산군, 숙종, 영조, 헌종, 철종은 호색가好色家로 알려져 있다. 특히 야사에 따르면 헌종은 호색했다고 전해지는데, 녹용 수천 첩을 복용하고도 세상을 일찍 떠났다. 철종도 한약을 입에 달고 살았으며, 후사를 보기 위해 녹용이 들어간 정력제 말고도 음식으로 몸을 보하는 식보食補 처방도 이루어졌지만, 33세에 사망했다.

　조선 왕들의 부인 수는 태종과 성종이 12명, 중종이 10명, 정종과 선조가 8명이었다. 자녀 수는 태종이 29명(12남 17녀), 성종이 28명(16남 12녀), 선조가 25명(14남 11녀), 정종이 23명(15남 8녀), 세종이 22명(18남 4녀)이나 된다. 다산으로 왕실을 번성시키는 것이 군주의 덕목이었던 조선의 왕들은 정비는 한 명이었지만 후궁은 여럿을 두었다.

신덕왕후 강씨와 두 아들의 죽음

 태조 이성계는 조선 왕조를 창업한 왕으로, 1335년에 태어나 1408년 74세를 일기로 사망해 조선 27대 왕 중 영조(83세) 다음으로 장수했다. 자字는 중결仲潔, 호號는 송헌松軒으로 불렸으나 왕위에 오른 뒤 휘諱를 단旦, 자를 군진君晉으로 고쳤다. 재위 기간은 6년 2개월로 비교적 늦은 나이에 왕위에 올라 짧은 기간 왕권을 차지했다.

 태조는 전쟁터를 떠도는 무사로서 강인한 체질과 정신으로 무장한 사람이었다. 말을 잘 타고 활을 잘 쏘며 신기에 가까운 격구 솜씨로 사람들의 혼을 빼놓았다. 그래서 그런지 태조의 질병과 치료에 관련된 기록은 태조의 나이 59세가 되던 해인 1393년(태조 2)에 최초로 나온다.

태조의 질병과 치료에 관련된 기록에는 왕이 병이 나서 편치 못하므로 1400년(정종 2)에 의정부로 이름이 바뀐 도평의사사에 명령해 피접避接해 있을 땅을 살펴보게 한 내용이 나온다.『태조실록』에는 어떤 병이 생겼는지는 구체적으로 나오지 않아 질병이 났던 시기에 태조에게 무슨 일이 있었는지를 살펴볼 필요가 있다.

이 시기는 이성계가 우왕과 창왕을 죽였다는 고려 왕조의 사초史草가 발견되었으며, 명나라에서 "동이의 국호 중에는 조선이 아름답고 그 유래가 오래되었다"면서 조선이라는 국호를 받은 해이기도 했다. 사초 문제로 화가 나기는 했어도 병까지 날 정도는 아니었으나, 나이도 있고 새 왕조를 개창하는 데 애를 많이 써서 몸이 쇠약해진 것으로 보인다. 그다음 기록은 태조가 63세인 1397년(태조 6)에 질병을 앓았다는 기록이 있다.

"왕이 편치 못하므로 의관을 불렀는데, 곧 입궐하지 않아 왕이 노해 24일에 전의감典醫監 관원 오경우吳慶祐를 청해靑海에, 김지연金之衍을 옹진甕津에, 장익張翼을 영해寧海에, 양홍달楊弘達을 축산丑山에 유배하게 했는데, 조금 뒤에 양홍달을 소환했다."

이 시기를 살펴보면 1396년(태조 5)부터 1397년까지는 태조가 병이 날 만큼 많은 일이 있었다. 1396년에는 신덕왕후 강씨가 세상을 떠났다. 태조는 통곡하면서 슬퍼했다. 조정의 조회를 10일 동안 닫게 하고, 금주령까지 내렸다. 그리고 왕비가 세상을 떠났으니 재최복齊衰服(1년복)을 입겠다고 한 사신 정총鄭摠을 명나라 주원장이 살해하자, 태조는 정도전을 동북면 도선무순찰사로 삼고 이지란李之蘭을 도병마사로 삼아 북벌을 준비했다. 이 시기 신덕왕후 강씨의 죽음에 대한 슬픔과 북벌 준비로 정신적·육체적으로 피곤해져 얻은 병으로 보인다.

그 뒤에도 태조는 몇 번의 진료를 받았지만, 『태조실록』은 그가 어떠한 질병을 앓고 있었는지 구체적으로 그 질병이나 치료법을 기록하지 않아 병명을 추측하기 매우 어렵다. 다만 1398년(태조 7) 기록에는 "한간韓幹이 수정포도水精葡萄를 구해 바치므로 왕이 기뻐 쌀 10석을 내려주었으며 매양 목마를 때 한두 개를 맛보니 병이 이로부터 회복되었다"라고 되어 있다.

이 기록이 태조가 목마를 때 수정포도를 맛보고 병이 회복되었음을 말하고 있는데, 추측건대 태조가 소갈증을 앓고 있었던 것은 아닌지 추측해볼 수 있다. 『본초강목』에는 포도가 갈증을 제거하는 효능이 있어 소갈증에 효과가 있다고 되어 있다. 태조가 64세가 되던 이때는 아들 이방원이 제1차 왕자의 난을 일으켜 왕사王師 정도전과 경순공주의 남편이자 개국 1등 공신 이제李濟가 피살되었고, 병이 나 누워 있는 자신을 겁박하고 어린 방석과 방번을 방에서 끌어내 죽였다. 방석은 17세였고, 방번은 18세였다.

태조는 자신이 종이호랑이로 전락했다는 사실을 받아들이고,

비교적 늦은 나이에 왕위에 오른 태조는 신덕왕후 강씨와 어린 두 아들이 사망하자 그 슬픔으로 정신적·육체적으로 힘들어했다. 태조 어진. (전주 어진박물관 소장)

왕위에서 물러났다. 빼앗긴 왕위도 왕위지만 비명횡사한 어린 아들들이 불쌍해서 견딜 수가 없었다. 눈에 넣어도 아프지 않던 늦둥이들에 대한 늙은 아비의 슬픔으로 태조는 자리에 눕고 말았다. 아마 이때 정신적으로 무척 힘들었고 질병도 같이 찾아왔을 것이다.

중원의 황제가 되는 길

태조가 왕위에서 물러난 이후의 질병을 살펴보면 1401년(태종 1) 기록에는 김완金完을 보내 평주平州(평양) 온천에 목욕하여 병에 차도가 있고, 빈번하게 사절을 보내 백성들에게 민폐를 끼칠까 염려하므로 자주 사람을 시켜 문안하지 말도록 한다.

1401년은 태조의 나이가 67세 되던 해로 태조가 자신의 질병을 치료하기 위해 평주에 온천욕을 시행했던 것을 알 수 있다. 또 68세가 되는 1402년(태종 2)의 기록에는 의정부에서 상왕 태조가 나이가 많고 풍질風疾이 있음을 말하고 있다.

1408년(태종 8) 태조는 갑자기 풍질이 심해 죄수를 방면하고 전국에 사신을 보내 쾌유를 비는 제사를 지냈으나 회복할 기미가 보이지 않았다. 그리고 그해 5월 24일, 비가 거세게 오는 날 태조의 병이 위중하다는 소식을 들은 아들 태종이 한걸음에 달려왔다. 청심환을 드렸지만, 태조는 삼키지 못하고 눈을 들어 하늘을 두 번 쳐다보고 세상을 떠났다. 74세의 파란만장한 삶이 끝난 것이다.

　상왕 정종은 창덕궁 별전으로 달려오는 도중, 태종이 울부짖는 소리를 들었다. 별전에 들어서자 가슴을 두드리고 몸부림치면서 울부짖는 동생 방원의 모습이 보였다. 고려의 충신 정몽주와 이복동생 방석과 방번을 비롯해 수많은 사람을 죽이고 자신의 형인 정종을 허수아비 왕위에 세운 사람도, 부왕을 안고 저승길로 떠나보낸 사람도 이방원이었다.

　태조의 질병에 관한 기록을 살펴보면, 그가 앓았던 정확한 병명이나 증상을 자세하게 수록해놓지 않았다. 그러나 당시의 상황과 기록을 근거로 태조가 사망하게 된 직접적인 원인을 유추해볼 수 있다. 왕자의 난으로 이방원이 모든 권력을 장악하자 태조는 왕위에서 물러났다. 그러나 태조는 형제들을 죽이고 자신의 개국공신 동기들까지 죽인 이방원을 용서할 수가 없었다.

　이방원에 대한 태조의 진정한 분노는 어린 동생과 처남(이제)을 죽였다는 데 있지 않았다. 이방원의 형(정종)의 왕위를 빼앗은 것도 아니었다. 태조의 분노는 자신의 마지막 과업을 무산시켰다는 데 있었다. 그것은 중원의 황제가 되는 길이었다.

　정도전이 이방원에 의해 죽던 1398년 4월, 명나라 신하들이 황제인 주원장朱元璋에게 조선 정벌을 청했다. 그러나 주원장은 이를 묵살했다. 조선 정벌은 다른 정벌과는 다른 길이었다. 동이족은 원래 군사에 능한 데다 명나라군은 만주의 혹독한 추위를 견뎌야 했다. 게다가 태조는 역전의 맹장이었다. 주원장의 나이 또한 이미 70세를 넘은 때였다. 그 직후 주원장은 병석에 누웠고, 그다음 달에 병세가 심해지더니 서궁西宮에서 세상을 떠나고 말았다. 주원장의 사망으로 명나라는 위기에 처하게 되었다. 황실 내부가 분열된 것이다.

주원장의 손자 주윤문朱允炆(혜종)이 22세의 나이로 황위에 올랐지만, 그를 황제로 인정하지 않는 장성한 숙부들이 사방에 건재했다. 그중에서도 가장 강력한 인물은 주원장의 넷째 아들인 연왕燕王 주체朱棣(영락제)였다. 1399년 7월, 연왕 주체가 드디어 조카 혜종의 타도를 선언하고 군사를 일으키면서 베이징 일대는 물론 남방까지 내전에 휩싸였다.

고구려의 영토를 회복하려는 조선으로서는 천재일우의 기회였다. 이미 북벌 정책을 마친 정도전이 살아 있어서 조선군을 북상시켰다면, 태조의 꿈이 손쉽게 이루어질 수 있는 상황이었다. 옌산燕山산맥을 넘어 베이징까지 점령하는 것도 어려운 일이 아니었다. 황위를 놓고 죽고 죽이는 내전을 벌이던 명나라로서는 다른 지역을 돌아볼 수 있는 상황이 아니었다.

더구나 조선군은 여진·몽골족과 연합군이었다. 몽골족이 천하를 지배한 것은 물론 여진족의 금나라가 중원을 차지한 것이 그리 오래전 일도 아니었다. 태조가 명나라를 공격했다면 그들은 빼앗긴 자신들의 땅을 찾기 위해 명나라를 쑥대밭으로 만들었을 테고 명나라는 존재하지 않을 수도 있었다.

1차 왕자의 난만 일어나지 않았더라면 싸우지 않고도 고구려의 영토를 차지할 수 있는 상황이었다. 그러나 정도전의 죽음으로 천자국天子國의 꿈을 꾼 태조는 좌절했고, 조선은 다시 사대주의 국가로 전락해버리고 말았다.

알츠하이머병과 우울증을 앓다

이로 인한 태조의 마음은 어떠했을까? 태조는 처음에는 분노로 인한 화병으로 태종을 원망했다. 왕권을 어쩔 수 없이 물려주고 고향 함흥으로 가 있을 때 이방원이 보낸 사신을 잡아두기도 하고 혹은 죽이기도 해서 돌려보내지 않았다. 이때 태종의 특정한 임무를 주어 파견했던 사신을 '차사差使'라고 하는데, 함흥에만 보내면 소식이 없다고 하여 '함흥차사咸興差使'라는 말이 생겨날 정도였다.

태조는 그 뒤에도 '조사의의 난'(1402년)에도 개입해 태종을 죽이려고 했다. 그러나 시간이 지나면서 태종의 왕위를 인정할 수밖에 없다는 사실을 깨닫고 분노는 사라지고 우울증에 빠져들었던 것이다.

일부 역사학자와 『태조실록』의 기록에는 태조가 안변부사 조사의趙思義의 난에 개입한 것이 치매 때문에 정신이 나간 듯하다고 한다. 고독함에서 오는 정신질환일 수도 있다는 이야기다. 그래서 그 무렵에 고기를 먹으면 다른 세상에서 머리가 없는 곤충으로 태어난다며 고기를 거부하기도 하고, 자신을 부처님처럼 모신다면 태종을 용서하겠다는 등의 엉뚱한 소리를 해대기도 했다. 또 반란군이 어느 정도 제압되던 12월에는 평주에 머물면서 "왜

내가 동북면에 있을 때나 평주에 머물 때 사람을 보내지 않느냐. 태종이 나에게 안 좋은 감정이 있기 때문이 아니냐"며 떼를 쓰기도 했다.

태조의 증상을 보건데 그의 병명은 노환으로 인한 알츠하이머병과 우울증이다. 우선 알츠하이머병은 치매의 가장 원인이 되는 질병으로 뇌를 손상시켜 점차 퇴행하는 것이 특징이다. 이 병은 60세 이전에 발생하는 경우는 드물다. 60세가 지나면 발생 가능성이 점차 커진다. 이 병은 대부분 규정할 수 없는 원인으로 발생한다. 몇 가지 유전자 돌연변이가 생기는 것과도 관련이 있지만, 이 병이 초기에 발병하는 드문 경우에는 유전적인 요인이 강하게 작용한다.

알츠하이머병의 증상과 진행 단계는 사람마다 다양하게 나타난다. 그러나 병이 진행되면서 증상은 점점 심각해지고 뇌의 많은 부분이 손상되는 공통점이 있다. 일부 환자는 일정 기간 증상이 호전되는 양상을 보이기도 한다. 일반적으로 알츠하이머병은 크게 세 단계로 나누어 진행된다. 1단계는 기억력이 크게 감소하고, 이것이 근심과 우울증을 유발한다. 그러나 기억력 감퇴는 정상적인 노화의 특징이며, 이것만으로는 알츠하이머병인지를 판단할 수 없다.

2단계는 심각한 수준의 기억 상실 증상이 나타난다. 최근 일을 기억하지 못해 시간이나 장소를 혼동한다. 집중력 감소와 언어 상실 등과 성격 변화 등의 증상도 함께 나타난다. 3단계가 되면 의식 착란이 심각한 수준에 이른다. 또한 망각이나 환각 등 정신병 증상도 나타난다. 비정상적인 반사작용이 나타나고, 요실금 증상이 동반될 수 있다. 태조의 증상은 치매 2단계인 것으로 보인다.

그다음으로 의심되는 증상은 우울증이다. 태조는 신덕왕후 강씨가 세상을 떠나자 흥천사興天寺를 창건하고 절에 틀어박혀 그녀의 명복을 빌었다. 그리고 죽은 어린 아들들이 불쌍해서 견딜 수가 없어 개경 백운사白雲寺에서 슬피 울며 노승 신강信剛에게 이렇게 한탄했다.

"방석과 방번이 다 죽었다. 아무리 잊으려 해도 잊을 수가 없다."

그 뒤에도 한양으로 돌아온 태조는 덕수궁에 은거하며 누구도 만나는 것을 꺼렸다. 이런 상태를 짐작건데 태조는 심한 우울증에 빠진 것으로 볼 수 있다. 우울증은 극심한 슬픔, 불행, 삶에 대한 의욕 상실이 지속되는 상태로 일상생활에 지장을 주는 질환이다.

주요 원인은 사람마다 다양하게 나타나며, 그 증상도 그만큼 다양하다. 대부분 환자들은 항상 불행한 기분, 삶에 대한 의욕이나 재미 상실, 문제에 대처하지 못하고 의사결정을 잘 내리지 못한다. 또한 집중력이 감퇴되며, 지속적인 피로감, 흥분, 식욕과 체중 변화, 수면 패턴이 깨짐, 성관계에 무관해짐, 자신감 결여, 화를 잘 내거나, 자살을 고민하거나 시도하는 것 등의 증상이 나타난다.

자식들 간의 죽고 죽이는 참혹한 현장을 지켜보고 자신이 병으로 누워 있는 상황에서, 자신에게 칼을 겨누는 자식을 지켜보

태조는 신덕왕후 강씨가 세상을 떠나자 흥천사를 창건하고 그곳에서 그녀의 명복을 빌었다. 경기도 구리시 동구릉에 있는 이성계의 능인 건원릉.

았다면, 보통 사람이라면 화병으로 쓰러져 죽었을 것이다.

그렇게 태조는 창덕궁 별전에서 생을 마감했다. 그가 말년에 알츠하이머병과 우울증에 시달리지 않았다면, 분명 그는 고구려의 장수왕처럼 90세를 넘게 살았을 것이다. 당시에는 70세를 넘기는 일이 흔하지 않았고 그래서 '예부터 흔하지 않았다'는 뜻으로 고희古稀라고 했다.

태조의 능은 경기도 구리시 동구릉이 있는 9개의 묘 중 하나인 건원릉이다. 태조는 신덕왕후 강씨와 합장되기를 바랐으나 태종이 따르지 않았다고 전해진다. 태종은 태조를 지금의 건원릉에 묻으며 고향인 함흥의 흙과 억새를 가져다 그 위에 심었다고 한다. 그래서 아직도 봉분에 잔디가 아닌 억새가 심어져 있다.

정종

1357~1419
재위 1398. 9~1400. 11

격구와 사냥을 즐기다

정종은 1357년(고려 공민왕 6) 태조와 신의왕후 한씨 사이에서 둘째 아들로 태어났다. 자字는 광원光遠, 휘諱는 경曔이다. 왕으로 지낸 기간은 2년 2개월에 불과하지만, 상왕으로 지낸 세월은 무려 19년이다. 권력을 동생 방원에게 물려주고 비교적 편안한 노후를 보냈던 왕이다.

정종이 아버지 이성계를 따라 전쟁터를 누비고 격구로 몸을 단련하는가 하면, 고기와 술을 좋아했다고 한다. 이것으로 보아 정종은 태조를 닮아 무인 기질이 강했던 것으로 보인다. 그래서 사냥을 즐겼고 이를 말리는 신하들의 간쟁諫爭도 너그럽게 받아들였다. 정종은 왕의 자리를 만들어준 동생 방원과 그의 동지들에게 항상 불안한 마음에 정사政事에 몰두하지 않는 모습을 보이기 위해 격구에 매달린 것도 있지만, 자신의 병 때문에 격구를 즐긴 것으로 보인다. 1399년(정종 1) 왕이 너무 격구를 좋아한다는 논란이 일자, 정종은 다음과 같이 말했다.

"과인이 병이 있어 수족이 저리고 아프니, 때로는 격구로 몸을 움직여서 기운을 통하게 하려고 한다."

이에 지경연사知經筵事 조박趙璞이 "기운을 통하게 하는 놀이라면 그만두시라고 할 수 없겠습니다. 다만 환시宦寺(환관)나 간사한 소인의 무리와는 함께하지 마시길 청합니다"라고 말했다. 그러나 정종은 격구를 계속 즐겼다. 결국 조박은 이를 다시 제지했고, 정종은 이렇게 말했다.

"과인은 본래 병이 있어서 잠저潛邸에 머물 때부터 마음이 번잡해서 밤이 이슥하도록 자지 못했고 새벽에야 겨우 잠이 들어 늦게 일어났다. 그래서 여러 숙부와 형제들이 게으르다고 했다. 즉위한 이래로 경계하고 삼가는 마음을 품어서 병이 있는 것을 알지 못했는데 근일近日에 다시 병이 생겨서 마음과 기운이 어둡고 나른하며, 피부가 날로 여위어진다. 또 무가武家에서 자랐기 때문에 산을 타고 물가에서 자며 말을 달리는 것이 습관이 되어서 오랫동안 밖에 나가지 않으면 반드시 병이 생길 것이다. 그래서 잠시 격구 놀이로 기운과 몸을 기르려는 것뿐이다."

정종은 아버지 이성계를 닮아 무인 기질이 있었고, 격구와 사냥을 즐길 정도로 건강했다. 1794년에 편찬된 병서인 『무예도보통지』에 실린 격구의 모습.

1399년에 정종은 종친宗親들을 거느리고 강음현江陰縣(황해도 금천) 원중포原中浦에서 노루를 사냥했다. 그런데 문하부에서 사냥을 중지할 것을 청하자 "그 말은 맞는 말"이라면서 이렇게 답했다.

"다만 내가 오랫동안 몸을 움직이지 못해서 병이 생겼으므로 한 번 밖에 나가 놀면서 울울하게 맺힌 기운을 풀려고 하는 것이다."

이와 같은 기록을 살펴보건데 정종은 격구와 사냥을 즐긴 것으로 보아 비교적 건강한 체력을 가진 것으로 보인다. 다만 불면증에 시달려온 것으로 보이며, 상당히 예민한 성격을 가진 것으로 생각된다.

재위 2년 2개월, 상왕 19년

정종에 대한 질병 기록은 『정종실록』에 약 16회에 걸쳐 나온다. 1399년 6월에는 왕이 편치 못했다고 기록하고 있고, 6일 후에는 왕의 병이 회복되었다고 기록하고 있다. 또 7월 16일에는 왕이 편치 못했고, 5일 후인 21일에는 왕의 병이 회복되었다고 기록하고 있다. 아울러 8월 25일에는 왕이 바람에 상해 편치 못했다고 기록하고 있으며, 하루가 지난 26일에는 왕의 병이 조금 회복되었다고 기록하고 있다.

또한 10월 8일에는 정종의 설사병에 대한 기록이 있는데, 이 날 "상왕 태조의 탄신일誕辰日에 정종이 헌수獻壽를 드리고자 했으나 설사병이 나서 거행하지 못했고, 이에 상왕 이성계가 오늘 오지 못한 것을 걱정하지 말고 빨리 설사병을 치료하도록 하라"는 내용이 나온다. 이것으로 보건대 정종의 설사병이 부왕의 탄신을 축하하는 중요한 행사에 참석하지 못할 정도의 심한 증세였음을 짐작할 수 있다.

그러나 어떤 병 때문에 편치 못했는지 구체적인 증상과 병명을 기록해놓지 않고 있어 어떤 질병을 앓고 있었는지는 추론하기 어렵다. 다만 정종은 무인 집안의 아들이었고 더군다나 종친들을 거느리고 노루를 사냥할 정도로 건강했다. 사냥에 나가기 위해서는 달리는 말 위에서 활을 쏘아야 할 만큼 건강해야 한다. 더구나 정종은 평소에 격구를 즐겼다.

그렇다면 왜 『정종실록』에는 1399년 6월부터 10월까지 '왕이 편치 못했다'는 기록이 반복되고 있을까? 이 기간에 무슨 일이 있었길래 이런 기록을 했던 것일까?

1399년 병석에 있던 태조가 남편을 잃은 경순공주에게 아무것도 해줄 수 없다고 한탄했다. 그리고 여승이 되라고 경순공주의 머리를 직접 깎아주며 이슬 같은 눈물을 흘렸는데, 이를 지켜보는 정종도 피눈물을 흘렸다.

1400년(정종 2)의 기록에는 정종이 병이 있어 평주 온천으로 목욕하고자 거둥한 기록이 있는데, 질병의 내용은 짐작할 수 없고 신하들의 반대에도 병 치료의 이유를 들어 거행했다고 한다.

이 시기는 2차 왕자의 난에서 이방원이 승리를 거두고 산술算術에 능해 '남산南算'이라는 별명을 얻었던 남재南在가 궁궐 뜰에서 "지금 곧 정안공(방원)을 세자로 삼아야 한다. 이 일을 늦출 수 가 없다"라고 큰소리로 외치며 정종에게 무언의 압박을 했다. 바로 다음 날에는 이방원의 복심인 문하부 참찬사參贊事 하륜河崙 등이 직접 정종에게 세자 책봉을 청했다. '정몽주의 난', '정도전의 난', '이방간의 난(2차 왕자의 난)' 등 이 3대 난을 진압한 공이 있으니 이방원을 세자로 삼아야 한다는 사실상의 협박이었다. 아무런 힘이 없는 정종은 "경들의 말이 심히 옳다"는 한마디로 수락한다. 아니 수락해야 했을 것이다.

정종의 선위禪位는 임박해 있었다. 동생 방원이 세자로 책봉된 이후 급속하게 권력이 이방원 쪽으로 쏠려가는 것을 정종도 모를 리 없었고, 1년 이상 참았던 모멸감이 몰려왔다. 하지만 왕위를 물려줄 때까지 자신의 나약함을 보여줄 필요가 있었다. 그래서 수시로 병을 핑계로 온천욕을 택했을 것이다.

정종이 이방원에게 선위한 이후의 기록을 살펴보면 53세가 되는 1409년(태종 9)에 상왕인 정종의 병이 위독하자 태종이 2죄 이하, 즉 참죄斬罪와 교죄絞罪를 제외한 죄인을 용서해 정종의 쾌유를 기원했다고 하는 내용이 있다. 또 그해 4월 30일에는 정종의 병이 낫지 않아 인보印寶(왕의 도장)를 화장사華藏寺에 시주하려 했으나 태종이 이를 저지한 기록이 나온다. 정종이 57세가 되는 때에는 피병避病을 위해 고양현高陽縣 정토사淨土寺로 떠난 기록이 보인다.

『정종실록』에는 정종이 나이 63세에 병든 지 한 달 열흘 만에 사망했다고 기록하고 있는데, 정확한 질병이나 병명을 기록해놓지 않아 어떠한 병으로 사망했는지 추론하기 쉽지 않다. 병이 발생한 기간이 9일이라는 점과 선위 동기를 중풍으로 빙자한 것도 사망 원인과의 연계성을 믿게끔 해서 필경 뇌출혈로 사망했다고 이야기하는 학자도 있다.

정종은 무욕의 처세술로 왕위를 동생 방원에게 물려주고 형제들 사이에 피비린내가 났던 격변의 와중에도 천수를 누렸다. 다만 1412년(태종 12), 정종의 정비인 정안왕후 김씨가 58세의 나이로 세상을 떠난 뒤 혼자 외롭게 살다가 7년 후 사망했다. 꿈도 희망도 포기한 채 구걸한 목숨을 보존하기 위해 비굴하게 살았던 외로운 죽음이었다.

불면증에 시달리다

정종의 설사병은 이방원에 대한 두려움과 왕위를 둘러싼 동생들의 싸움으로 인한 스트레스성 대장증후군으로 추측된다. 정종은 아버지 이성계가 걱정할 정도로 만성적인 설사병에 시달렸다. 설사병의 원인은 약으로 처방이 어려운 과민성 장질환, 소화흡수를 방해하는 효소의 부족, 염증성 장질환(궤양성 대장염)으로 보인다.

우선 과민성 혹은 염증성 장질환은 설사가 만성적이지만, 간헐적이어서 어떤 날은 대변이 정상적이다가 또 어떤 날은 물과 같은 설사를 하게 된다. 태조의 탄신마저 헌수를 올리지 못할 정도로 설사병이 났다면, 정종은 물과 같은 설사를 했음이 틀림없다. 과민성 장질환은 대변에 맑은 점액이 섞여 있으며, 염증성 장질환은 실제로 농이 나온다. 점액이 있거나 없지만, 혈액이 보인다는 것은 과민성 혹은 염증성 장질환에서부터 만성적인 이질痢疾, 암, 용종茸腫, 게실염憩室炎까지 어떤 병의 한 징후다.

설사성 변에 농이나 혈액이 포함되어 있지 않는다면, 과민성 장질환일 수 있다. 하루에 6번 이하라면 그 문제가 장의 위쪽에 있음을 시사하고, 아마 소장의 흡수불량 때문일 것이다. 6번 이상이고, 매번 급하게 화장실로 달려가야 한다면 아래쪽, 즉 대장이나 직장의 어딘가에 원인이 있는 것이다. 아침에 대개 무른 변을 본다면 과민성 혹은 염증성일 가능성이 높다.

그리고 설사가 미끈미끈하게 보이고 역겨운 냄새가 나면서 물에 뜬다면, 거의 확실히 지방을 너무 많이 함유하고 있는 것이다. 소장의 흡수 기능이 불량한 결과다. 정종의 대변 색깔을 보지 못해 알 수 없지만, 정종은 아마 과민성 혹은 염증성 장질환일 가능성이 크다.

정종은 불면증에 시달렸을 가능성이 많다. 밤늦은 시간까지 소격전昭格殿에 나가 태조의 건강을 비는 철야 기도를 자주 했다. 이는 효성이 지극한 행동이기도 하지만, 밤잠이 없다는 말과도 상통한다. 통상 숙면을 방해하는 몇 가지 환경적이고 습관적인 상황이 있는데, 예를 들어 공기가 너무 탁하거나, 덥거나, 건조하거나 어쩌면 잠잘 시간에 일하는 습관이 있어 불을 끈 후에도 생각이 꼬리를 물고 이어졌을지 모른다.

그것도 아니라면 슬픔이나 걱정, 불안, 노화로 생기는 질환 등과 같은 감정적 기복이 있을 경우가 대표적인 예다. 정종은 이방원에 의해 언제 왕위에서 쫓겨나 쥐도 새도 모르게 죽을 수 있다는 불안과 스트레스, 그로 인해 생겨난 과민성 장질환으로 인한 설사병 등으로 불면증에 시달렸을 것이다. 그럼에도 정종은 어릴 때부터 말 달리고 활 쏘는 것을 좋아해 건강한 편이어서 장수를 했다고 볼 수 있다.

정종은 사후死後에 왕이 받아야 하는 형식적인 대접도 받지 못했다. 왕이 세상을 떠나면 3년 국상國喪을 치러야 하는데, 정종은 그렇지 못했다. 3년상을 지키기 어려울 경우 하루를 한 달로 대체하는 역월제易月制를 적용하는데, 정종은 역월제를 시행했다. 세상을 떠난 지 13개월이 되면 소상小祥을 치르는데, 정종은 13일 만에 소상을 치른 것이다. 또한 국상 때 왕은 고기반찬이 없는 소선素膳을 들게 되어 있다. 그런데 정종이 죽은 지 이틀 후에 상왕 태종이 세종에게 이렇게 말했다.

"주상의 안색이 수척한 것이 나를 상심케 한다. 고기반찬을 들지 않았다면, 그 역시 불효다."

불효라는 말에 세종은 국상을 치른 지 15일째부터 고기반찬을 들었다고 하는데, 이는 고기를 먹기 위한 핑계에 불과하다. 정종을 왕으로 인정하지 않는 부자(태종과 세종)의 그릇된 행동이었다. 정상적이라면 3년상을 치르는 내내 소선을 해야 하는데, 한 달 남짓으로 국상을 끝낸 것이다. 보름 남짓 고기반찬을 먹지 않아 수척해졌기 때문에 고기반찬을 들어야 한다는 것도 논리적으

정종은 이방원에 의해 언제 왕위에서 쫓겨날지 모른다는 불안과 스트레스로 인해 불면증에 시달렸다. 더구나 『정종실록』은 태종이 세상을 떠난 후에 편찬할 수 있었다.

로 궁색하다. 또 25개월 만에 치르는 대상大祥도 25일 만에 상복을 벗었다.

'기생한 왕'과 '허수아비 왕'

태종도 이날부터 고기반찬을 들었다. 의정부와 육조에서 요청했기 때문이다. 정종에 대한 태종의 속마음은 『정종실록』을 편찬하지 않은 데서도 드러난다. 태조가 1408년 세상을 떠나자 태종은 이듬해 『태조실록』을 편찬할 것을 지시했다. 그러나 1419년(세종 2) 정종이 세상을 떠났어도 세종은 물론 태종도 실록 편찬을 지시하지 않았다.

『정종실록』은 태종 사후에야 편찬할 수 있었다. 정확히 말하면 1422년(세종 4) 태종이 사망했기 때문에 편찬할 수 있었다. 태종이 세상을 떠난 이듬해 변계량卞季良과 윤준尹淮이 정종의 실록 편찬을 건의한 이유는 『태종실록』을 편찬하기 위해서였다. 『태종실록』을 편찬하려면 정종 재위 기간에 대해 기술하지 않을 수 없었기 때문이다.

그뿐만이 아니었다. 정종에게는 시호諡號도 내리지 않아서 『정종실록』이 아니라 한 등급 낮은 『공정왕실록恭靖王實錄』으로 이름이 정해졌다. 잠시 거쳐 지나가는 왕으로 대접한 것이다. 이처럼 세종은 정종을 왕으로 인정하지 않았다. 1431년(세종 13) 정종의 딸들에 대한 봉작封爵 문제가 발생했을 때 세종은 이렇게 말했다.

"공정대왕은 비록 대를 이은 왕이라고 말할 수 있지만, 하륜이 일찍이 '기생한 왕寄生之君'이라고 말했고, 박은朴訔도 '그 자손의 관직은 공녕恭寧(함녕)과 경녕敬寧과 같게 할 수 없으니 등급을 제수해야 합니다'라고 말했다. 나 또한 그 딸들의 봉작은 진안鎭安, 익안益安의 딸들의 예에 의거해 시행하는 것이 좋다고 여기는데 어떠한가?"

정종을 '기생한 왕'이라고 호칭한 하륜의 한마디에 정종의 모든 평가가 압축되어 있다. 정종은 태조가 세운 '허수아비 왕'이었다. 하지만 경위야 어쨌든 정식 즉위식을 치르고 2년 2개월 동안 왕위를 이어갔는데, 태종이나 그의 아들 세종의 행동은 예의에 벗어난 행동이자 당시의 예의 법도로 따진다면 불효자식 같은 처사였다.

이것만이 아니었다. 정종은 세상을 떠난 후 묘호廟號도 정해지지 않았다. 묘호는 왕이 세상을 떠난 후 종묘에 신위를 모실 때 올리는 칭호다. 정종의 묘호를 정하지 않은 것은 세종이나 태종을 따르는 공신들이 정종을 왕으로 여기지 않았기 때문이다. 정종의 묘호가 정해진 것은 1681년(숙종 7)의 일이고, 정종 사후 262년 만의 일이다.

우리가 그렇게 칭송했던 세종이 이런 인물이었다는 것을 안다면, 세종을 존경할 수 있을지 의문이 든다. 우리는 정종보다는 그런 부도덕한 행위를 한 태종이나 세종을 위대한 왕으로 존경하고 있으니 말이다. 태종과 세종은 오직 자신의 왕권을 강화하고 지키기 위해 피비린내 나는 투쟁과 사대주의에서 헤어나지 못했다. 정종이 보여준 무욕의 처신을 삶에 반영했더라면, 태종이나 세종은 『조선왕조실록』에 기록된 대로 훌륭한 왕이 되지 않았을까 조심스럽게 생각해본다.

태종

1367~1422
재위 1400. 11~1418. 8

허약한 체질의 소심한 왕

태종은 1367년(고려 공민왕 16) 태조와 신의왕후 한씨 사이에서 다섯째 아들로 태어났다. 이름은 방원, 자字는 유덕遺德으로 조선이 개국되자 정안대군에 봉해졌다. 재위 기간은 17년 10개월에 이르러 비교적 긴 시간 동안 왕위에 머물렀지만, 그리 길지 않은 56년을 살았다.

태종의 질병에 관한 『태종실록』의 기록은 모두 약 35회에 걸쳐 나온다. 태종이 앓았던 질환은 주로 종기, 풍질, 이질, 팔이 시리고 아픈 것, 목이 뻐근한 증상 등이다.

조선 건국을 위해 악역을 마다하지 않았고, 건국 이후에도 왕권 중심의 권력 체제를 세우기 위해 피의 숙청을 단행했던 태종은 의외로 허약한 체질을 가진 소심한 사람이었다. 1394년(태조 3) 이방원은 명나라 황제의 조선에 대한 의구심을 풀기 위해 사신으로 떠난다. 태조는 눈물을 글썽거리며 이렇게 말한다.

"너의 체질이 파리하고 허약해서 만 리의 먼 길을 탈 없이 갔다가 올 수 있겠는가?"

여말선초 격변의 건국 현장을 누비며, 정도전과 노련한 건국 공신들을 숙청하고 친형제들을 물리치고 왕위에 오른 태종은 의외로 파리하고 허약한 체질이었음을 확인할 수 있다. 또 1402년(태종 2)에는 "금년에는 종기가 열 번이나 났다. 의자醫者 양홍달에게 물으니 말하기를, '깊은 궁중에 있으면서 외출하지 아니하여, 기운이 막혀 그런 것이니, 탕욕湯浴을 해야 된다'고 했다"라고 기록되어 있다. 외출하지 못해 종기가 날 정도로 몸이 근질거린다는 말이다.

1408년(태종 8)의 기록은 태종이 말을 아주 잘 탔음을 보여준다.

"태상왕太上王(태조)이 갑자기 풍질을 얻었는데 왕(태종)이 이때에 침구鍼灸의 잘못으로 몸을 움직이지 못하다가, 이 소식을 듣고 놀라고 두려워하여 곧 편복便服으로 궁궐 동쪽 작은 문을 나와 말을 달려 가니, 시위侍衛하는 자들이 모두 미치지 못했다."

아픈 상태에서도 이 정도였으니 태종의 승마 실력을 알 만하다. 이런 기록으로 보아 태종은 외소하고 민첩했던 것으로 보인다.

1420년(세종 2)의 기록을 살펴보면 태종의 성격은 강명剛明했다고 적고 있다. 강剛은 성격이 칼처럼 날카롭다는 뜻이고, 명明은 머리가 명철했다는 뜻이다.

"일찍이 의원 원학元鶴이 상왕전上王殿에서 시종했으므로, 상왕(태종)이 종하從夏가 의술에 매우 능하다는 말을 듣고……원학을 보내어 종하를 부르니, 종하가 상왕의 강명함을 꺼려서 가까이 모시기를 원하지 아니하고 자신할 만한 경험이 없다 하여 나가지 아니하니……곧 의금부에 내려 신문한즉, 종하가 말하기를, '상감께서 명철하온데 만일에 방서方書를 물으시면 어찌 대답하오리까? 그래서 가지 못했나이다' 하므로, 곧 대역으로 논죄해 참형에 처하고 그 가신을 적몰했다."

이 기록을 근거로 볼 때 태종은 대부분의 조선의 왕들처럼 비만하지 않았으며, 신경이 날카롭고 매우 신경질적이었다. 자신이 많은 사람을 죽였기 때문에 언젠가 자신도 그런 운명에 처할 수 있다는 생각 때문에 왕권에 도전하는 사람들을 과감히 처결했던 것으로 보인다.

태종의 성격은 매우 사악해 조강지처와 그의 처가 식구들을 모조리 귀향 보내거나 사약을 내려 죽게 했으며, 자신이 목표로 삼는 일에는 물불을 가리지 않았다. 또한 말을 잘 타서 다른 사람이 쫓아올 수 없을 정도로 날렵했다. 태종의 처방약들을 살펴보건데, 폐병이나 결핵의 증상이 있었던 것으로 보인다. 여자를 좋아했던 것으로 보아 종기의 증상이 성인성 질환으로 의심되기도 한다.

태종은 신경이 날카로웠는데, 그것은 자신이 많은 사람을 죽였기 때문에 언젠가 자신도 그런 운명에 처할 수 있다는 생각 때문이었다. 서울시 서초구 내곡동에 있는 태종과 원경왕후 민씨의 능인 헌릉.

애간장이 마음과 몸에 축적되다

태종은 병을 치료하기 위해 복약服藥과 침구 이외에 도교의 제사, 온천행, 대사면령, 피접 등을 행했던 것을 알 수 있다.

1408년 태종의 나이 42세로 이때 태종이 종기가 났다고 했으며, 1413년(태종 13)의 기록에는 태종이 말하기를 "본디 풍질이 있었는데, 근일에 다시 발작해 통풍이 심하다"라고 했다. 이때는 임진년壬辰年으로 태종의 나이 47세였는데, 이전에 태종이 풍질을 앓고 있다가 이 무렵에 심해졌던 것이 아닌가 추측해볼 수 있다.

또한 같은 해 기록에는 "손이 아직도 회복되지 아니하여 홀圭을 잡기가 어렵다"라고 적고 있고, 1418년(세종 1)에는 태종의 오른팔이 시고 아리며 손가락을 펴고 구부리는 것에 차도가 있어 속히 돌아갈 것을 명했다는 기록이 나온다. 그해 5월에는 태종이 목이 뻐근하고 아파서 인사 받기 어려우니 돌아가는 길에 관원들이 나타나지 말 것을 부탁한다.

이 증상들을 종합하자면 태종의 풍질은 지금의 목 디스크와 유사한 질환이다. 『황제내경』을 보면 "풍風이 기氣와 하나인데 빠르고 다급하면 풍이 되고 천천히 질서가 있을 때는 풍이 된다"라고 나와 있다. 여기서 기는 두 가지가 있다. 자연에서 흐르는 대기大氣와 인체 내부에서 흐르는 원기元氣가 그것이다.

자연의 대기가 풍이 되면 뇌혈관 질환이나 관절염 같은 풍을 일으킨다. 인체 내부의 원기가 풍이 되었다면, 이 풍은 오장육부 중 어떤 장기와 관계가 있는지에 대해서는 편작扁鵲이 지었다는

『난경』에 잘 나타나 있다.

『난경』에 따르면 풍은 간과 관계가 있으며 술을 많이 마시거나 화를 자주 내고 흥분해 가라앉지 않으면 간의 혈이 허해지면서 신경통, 신경마비, 오십견 등의 절육통節肉痛이 생긴다고 한다. 애간장을 태우는 것이 풍의 원인이 된다는 뜻이다. 태종이 왕권을 손에 쥐기 위해 수없이 태웠을 애간장이 마음과 몸에 축적되어 이런 병이 생겼을 것이다.

태종은 1422년(세종 4) 5월에 사망했는데, 『태종실록』에는 병이 위독해진 지 8일 만에 사망했다고 기록되어 있다. 사망 하루 전 기록을 살펴보면 태종과 세종은 강원도 철원 고석정 등지에서 사냥을 했다. 이날 태종은 활을 쏘아 노루와 산돼지를 잡았다. 이튿날은 갈마재에서 사냥했는데, 이날도 태종은 사슴 두 마리를 쏘아 잡았다. 이때 평강平康 사람 전언全彦의 집에 불이 났다는 소식을 듣자 태종은 의복을 내려 주면서 위로하기도 했다.

이처럼 태종은 무예도 능했으며 상당히 건강한 편이었다. 4월 5일에도 종현산에서 사냥하면서 사슴과 산돼지를 한 마리씩 쏘아 잡았다. 이때까지만 해도 무슨 별다른 일이 생길 것이라는 조짐은 전혀 없었다. 17일에는 통사通事(통역) 김시우金時遇가 요동에서 돌아와 영락제의 동향을 보고했다.

18일에는 명나라 사람 13명이 평안도 여연군으로 피난을 왔다. 그러나 태종은 명나라와 분쟁이 빚어질 것을 우려해 그들을 요동으로 돌려보냈다. 그런데 태종과 세종은 동교東郊(동대문 밖의 근교)에 나가 매사냥을 구경하고 왔는데, 갑작스럽게 태종이 몸이 불편해지면서 위중해진다.

태종이 병석에 눕자 세종은 당황했다. 아직 부왕에게서 받을 임금 수업이 다 끝나지 않았다고 생각했기 때문이다. 세종은 25일부터 고기반찬을 사양하면서 부왕의 쾌유를 빌었다. 그래도 태종의 병이 낫지 않자 도교의 도전道殿과 불교의 불당과 명산에 사람을 보내 기도를 올리게 했다.

26일에는 한양과 지방에서 2죄 이하의 죄로 갇힌 죄수들이나 재판을 받고 있는 사람들을 모두 석방했다. 또한 경기도 광주에 있는 양녕대군을 불러 태종의 병을 간호하게 했다. 그래도 차도가 없자 종묘와 하늘에 제사를 지내는 소격전에 사람을 보내 기도하게 했다.

그러던 30일 태종의 병세가 점점 더 위독해지자, 세종은 신하들의 문안을 금지하고 태종이 있는 천달방泉達坊 신궁을 엄하게 호위하게 했다. 당황한 세종은 5월 2일 한양과 지방의 1죄, 즉 사형수까지 석방하고 다음 날에는 군사들에게 신궁을 엄하게 지키게 했다. 이런 정성 때문인지 4일 태종의 병세가 조금 차도를 보이는 것 같았지만 이내 다시 심해졌다. 8일 세종은 태종을 모시고 연화방蓮花坊 신궁으로 옮겼다. 투병 장소를 옮겨 병이 따라오지 못하게 하는 피병이었다.

그러나 10일 태종은 연화방 신궁에서 세상을 떠났다. 정종과 마찬가지로 태종도 사망 원인이 되는 질환을 정확하게 기술해놓지 않아 어떤 병으로 사망했는지 알 수 없다. 『세종실록』에 기록된 세종의 하교下敎를 보면 태종의 병은 갑자기 생긴 것이 아니라

태종은 1422년 5월 10일 연화방 신궁, 즉 지금의 창경궁에서 세상을 떠났는데, 사망 원인은 기록되지 않아 알 수가 없다. 창경궁 인정전.

오래전부터 이어져온 것으로 보인다. 『승정원일기』 같은 기록이 남아 있었다면, 사망 원인을 간접적으로 추측할 수 있을 것이다. 그러나 왜란과 호란, 궁궐의 화재 등으로 조선 전기前期 왕들의 의료 기록이 안타깝게 소실되었다.

목이 뻐근하고 팔이 시리다

『태종실록』을 보면 1413년(태종 13)까지 태종의 병이 구체적으로 나오지 않는다. 종종 종기가 났다 없어졌다 한 것 말고 특기할 만한 큰 병이 없었기 때문이다. 그러나 태종의 병은 1408년부터 은밀하게 자라고 있었다. 태종에게 수시로 찾아왔던 통증은 팔이 시리고 목이 뻐근하다는 증상이다.

목과 팔은 사실 하나로 연결되어 있다. 상반신을 관장하는 모든 핏줄은 목에서 허리 아래, 즉 다리의 근육을 관장하는 것은 척추이기 때문이다. 다리가 저리는 이유는 허리를 다친 경우 대부분 발생하듯이 팔이 저리고 시린 것은 목에 문제가 있기 때문이다. 사람의 목은 긴 시간 동안 크고 무거운 머리를 지탱해왔다. 다만 지속적으로 굽히고 비틀고 또 돌리다 보니 아픔을 잘 느낄 수밖에 없다.

또한 팔은 어깨부터 손목까지를 말한다. 태종의 증상은 목의 경축痙縮으로 추정되는데, 경축은 누가 목 뒤의 근육을 꽉 움켜쥐고 비틀어서 매듭을 만드는 것 같은 느낌이 드는 증상이다. 대게 긴장을 하거나 목을 과도하게 사용하거나 불편한 자세로 잠을 자거나 오랫동안 앉아 있으면 생긴다.

목뼈의 관절염은 목을 뻣뻣하게 하고, 유연성을 떨어뜨려 움직이는 데 불편하다. 또 목의 통증과 더불어 어깨와 팔, 손까지 감각이 둔하고 저리게 한다. 턱 끝을 가슴에 닿게 하고, 1~2분 동안 그대로 있거나 턱을 양 어깨 끝으로 옮겨보는 동작을 하는 동안 통증이나 마비감 혹은 저린 느낌이 있다면, 관절염이 생긴 뼈가 목을 지나는 신경을 누르고 있는 것이다.

또 태종은 온몸이 저리고 얼얼하다고 했는데, 이는 신경의 국소적 손상이나 신경의 압박이 있는 것으로 보인다. 신경의 국소적 손상이란 피부 표면의 감각들을 느낄 수 없는 것이다. 피부의 어느 한 부위가 마비되어 불붙은 담배가 닿아도 느끼지 못한다면 피부에 있는 신경 자체가 잘못되었거나, 뇌로 올라가는 신경의 경로에 혼란이 생겼거나, 뇌 자체가 손상되어 메시지를 적절하게 해석하지 못한 것이다.

이런 증상은 대게 손상이나 반흔瘢痕 조직 때문에 발생한다. 신경이 절단되어 더는 대뇌로 자극을 전달할 수 없기 때문이다. 태종은 아직 이 증상까지 가지 않은 것으로 보인다. 신체 어느 부위가 저리다고 느끼는 것은 반드시 손상이나 자극이 있어야 한다. 그러나 마비감과는 달리 신경이 완전히 죽거나 심각하게 손상되지 않을 수 있다. 즉, 신경이 눌려 있는 것이다. 저리는 느낌은 극렬한 통증과 마비감 사이의 중간적인 아픔이다.

세종
1397~1450
재위 1418.8~1450.2

육식을 좋아했던 대식가

　세종은 태종의 셋째 아들이며, 1397년(태조 6) 태종과 원경왕후 민씨 사이에서 태어났다. 이름은 도祹, 자字는 원정元正, 군호君號는 충령대군이다. 태종이 부인 10명에게서 29명의 자녀(12남 17녀)를 둔 덕분인지 세종 역시 부인 6명에게서 22명의 자녀를 두었다. 일찍부터 병석에 누워 죽을 때까지 병마와 싸운 왕치고는 여색을 많이 밝힌 것으로 보인다.
　세종은 "나라는 왕과 사대부들이 다스리는 것이다"라는 생각이 확고한 군주였다. 그래서 그런지 사대부들에게 세종은 최고의 군주였다. 사대부들이 세종의 졸기卒記에 해동요순海東堯舜, 즉 조선의 요순이라고 쓴 것처럼 세종 시대는 태평성대를 뜻하는 요순 시대였다. 반면 백성들에게는 죽을 맛이라는 말과 상통한다.

세종은 성리학적 기초를 닦은 성군으로 칭송받지만, 사실상 그는 질병 앞에서 연약한 보통 사람이었다. 특히 질병 치료에서는 사대부들을 경악하게 만들었다. 불교를 숭상하지 못하도록 한 조선의 원칙을 깨고 사찰에 가서 약사불藥師佛에 비는 것은 물론이고, 도교의 기문둔갑술奇門遁甲術도 쓰고 점도 쳤으며 무당의 푸닥거리도 동원했다. 조선 과학기술의 역사에서 가장 눈부신 업적을 남긴 왕의 행적이라고는 믿기지 않는다. 이는 말과 행동이 일치하지 않는 것이었다.

세종은 음식 조절에도 실패한 의지력이 부족한 왕이었다. 세종은 육식을 좋아하는 대식가였으며, 태종이 살아서 대리청정을 하던 1422년(세종 4) 상반기까지만 건강했다. 그 후부터는 크고 작은 잔병이 많아 정사를 제대로 돌보지도 못했다. 특히 29세가 되던 1425년(세종 7)부터는 생명이 위태로웠다.

세종은 소갈증과 그로 인한 합병증인 안질眼疾을 앓았으며, 많은 후궁과의 잦은 잠자리로 인해 임질을 앓았다. 또한 신경성 질환인 강직성強直性 척추염과 중풍으로 고생했다. 그런 몸으로 무슨 정사를 돌볼 수 있었겠는가? 세종은 그야말로 걸어다니는 종합병원이었다. 세종의 질병과 관련해『세종실록』에는 100회에 걸쳐 나올 정도로 그는 평생 수많은 질병 때문에 고생했다.

세종은 질병을 치료하기 위해 사찰에 가서 약사불에 빌거나 무당을 동원해 푸닥거리를 하기도 했다. 조선의 과학기술을 발전시킨 왕의 행적이라고는 믿기지 않는다. 세종 시대에 만들어진 해시계와 적도의.

『세종실록』에는 세종의 질병이 다른 왕들에 비해 구체적이며 자세하게 나와 있다. 다 큰 어른이 고기가 없으면 밥을 먹지 못해 자신의 아버지 태종이 사망한 후 3년상 중에 고기를 먹었다는 기록은 세종이 성리학을 추종하며 효를 다하는 자식이었는가 하는 의구심이 든다.

세종은 즉위하자마자 아버지 태종과 큰아버지 정종과 어머니 원경왕후 민씨의 장례를 줄줄이 치러야 했다. 세종은 특히 어머니의 죽음 때문에 힘들어했다. 자신의 친정을 멸문시킨 지아비를 원망하며 살아야 했던 어머니에 대한 한없는 연민이 세종의 효도에 더해진 결과일 것이다. 이것은 어린 동생들을 죽이고 아버지를 쫓아내고 개국공신들을 도륙한 태종의 업을 지고 가는 길이기도 했다.

닭, 꿩, 양고기를 처방하다

원경왕후 민씨가 고열과 오한이 반복되는 질환인 학질瘧疾을 앓기 시작하자, 태종은 이 질환의 원인을 담담히 설명한다.

"성녕대군(태종의 4남)이 죽은 뒤부터 상심하고 슬퍼하며 먹지를 않더니 오늘에 이르러 학질에 걸렸다."

그런데 이날 이후 세종이 실종된다. 개경사라는 절에 머물다 최전崔詮이라는 낮은 벼슬아치의 집에 머물고, 이궁離宮 남쪽 교외의 풀밭에서 지내는가 하면, 갈마골 박고의 집, 송계원 냇가,

선암 동소문, 곽승우와 이맹유의 집, 태조 이성계가 묻혀 있는 건원릉 등으로 옮겨 다닌다. 그러나 세종은 궁궐 경비는 평상시와 같이 그대로 두고 자신이 있는 곳을 알리지 않아 사람들은 세종이 사라졌다는 사실조차 모르고 있었다.

세종의 이런 이상한 행동을 설명해주는 것이 '학을 뗀다'는 옛말이다. 지금이야 괴로운 일 등에서 간신히 벗어났다는 뜻이지만, 당시에는 학질를 치료한다는 뜻이었다. 세종은 원경왕후 민씨의 학질을 떼기 위해 궁궐을 비우고 국정을 내팽개친 채 어머니를 모시고 절로 산으로 옮겨 다니며 기도며 주술이며 무속적 치료를 한 것이다.

성리학을 국가 이념으로 하는 조선의 왕이 무속에 빠져 푸닥거리를 한 그의 행동을 『세종실록』은 인간적인, 너무나 인간적인 '해동요순'이라고 기록하고 있다. 연산군이나 광해군이 이런 행동을 했다면 어떻게 평가했을까? 모르기는 몰라도 미쳐 날뛴 폭군이라고 비난했을 것이다.

세종은 평생 온갖 병으로 고생했다. 고통이 절절하게 전해지는 그의 말을 직접 들어보자.

"내가 젊어서부터 한쪽 다리가 치우치게 아파서 10여 년에 이르러 조금 나았는데, 또 등에 부종浮腫으로 아픈 적이 오래다. 아플 때를 당하면 마음대로 돌아눕지도 못해 그 고통을 참을 수가 없다.……또 소갈증이 있어 열서너 해가 되었다. 그러나 이제는 역시 조금 나았다. 지난해 여름에 또 임질을 앓아 오래 정사를 보지 못하다가 가을 겨울에 이르러 조금 나았다. 지난봄 강무講武한 뒤에는 왼쪽 눈이 아파 안막眼膜을 가리는 데 이르고, 오른쪽 눈도 이내 어두워서 한 걸음 사이에서도 사람이 있는 것만 알겠으나 누구누구인지를 알지 못하겠으니, 지난봄에 강무한 것을 후회한다. 한 가지 병이 겨우 나으면 한 가지 병이 또 생기매 나의 쇠로衰老함이 심하다."

1439년(세종 21) 6월 21일 세종의 이 말에서 종기, 소갈, 임질, 안질 등 재위 내내 자신을 괴롭힌 병들을 개관할 수 있다. 한마디로 세종은 질병의 종합선물세트라고 할 수 있다. 그렇다면 세종은 왜 이렇게 많은 병에 걸렸을까?『세종실록』은 세종의 병은 비만과 그것에 따른 소갈증, 즉 당뇨병에서 시작되었다고 기록하고 있다. 운동을 하지 않고 책상 앞에 앉아서 공부만 한 탓에 비만했고, 그것이 당뇨병을 불렀다는 것이다. 나쁘게 말하면 자기 관리에 실패한 것이었다.

당시 어의들이 소갈을 없앨 목적으로 처방한 음식은 흰 수탉, 누런 암꿩, 양고기였다. 닭은 본래 삼계탕에 들어갈 정도로 속을 데우는 음식이고, 꿩은 신맛이 있는 음식으로 갈증을 없애는 효과가 있다. 양고기는 인체의 모든 곳에 양기를 복돋아준다. 특히 시력과 청력, 폐의 호흡 능력을 키우는 데 효과가 있다. 사실 양의 눈은 초점이 없는 원시다. 멀리 보는 능력이 뛰어나다. 그래서 한의학에서는 양고기에 멀리까지 볼 수 있는 양적 에너지가 많이 들어 있다고 본다. 사람의 시력을 좋게 하는 데는 양의 간으로 만든 양간환養肝丸이 좋다고『동의보감』에 나와 있을 정도다.

한의학은 본래 질환만을 치료하는 약재를 처방하는 게 아니라 환자의 몸에 맞는 약재를 처방한다. 질환이라고 하는 것이 어떤 특정한 원인 때문에 생기는 것이라고 보기 때문이다. 그래서 환자 몸의 내재적 균형을 회복시켜줄 수 있는 처방을 궁리한다. 그 궁리의 결과가 약이 아니라 음식으로 병을 다스리는 식치食治다.

소갈을 앓던 세종에게 닭·꿩·양 등의 고기를 처방한 것은 일종의 식이요법이었던 셈이다. 또 이런 처방으로 판단할 때 세종은 몸이 차고 냉했던 것 같다. 이 음식들이 모두 온기를 돋우는 음식이기 때문이다. 사실 세종은 소갈 말고도 풍질이나 풍습風濕 같은 관절 질환으로 고생했고, 이것을 치료하기 위해 여러 번 온천을 찾았다. 이 질병은 한의학적으로 몸이 차고 냉한 사람이 걸리는 병이기도 하다.

안질과 임질로 고생하다

세종을 평생 괴롭힌 병은 안질이다. 세종은 자신의 안질에 대해 이렇게 말한다.

"내가 두 눈이 흐릿하고 깔깔하며 아파, 봄부터는 음침하고 어두운 곳은 지팡이가 아니고는 걷기에 어려웠다. 온천에서 목욕한 뒤에도 효험을 보지 못했더니, 어젯밤에 이르러서는 본초本草의 잔 주석註釋을 펴놓고 보았는데도 또한 볼 만했다."

1441년(세종 23) 4월 4일 세종은 자신의 안질이 10여 년 되었다고 이야기한다. 사관은 세종이 안질을 얻는 원인을 "당시에 왕이 모든 일에 부지런했고, 또한 글과 전적典籍을 밤낮으로 놓지 않고 보기를 즐겨 했으므로 드디어 안질을 얻었다"라고 기록하고 있다. 하지만 안질은 소갈증의 합병증임에도 너무 과한 숭배 차원에서 기록한 것이라고 볼 수 있다.

이외에도 세종은 임질로도 고생했다. 임질은 오늘날에도 성인성 질환, 즉 성병으로 인식하고 있다. 하지만『동의보감』에서 임질은 "심신의 기운이 하초下焦에 몰려 오줌길이 꽉 막혀 까무러치거나 찔끔찔끔 그치지 않는 증상이다"라고 나온다. 사실『동의보감』에 나오는 증상은 오늘날 성병이 진행되기 전 징조를 말하는 것이다. 세종은 18남 4녀를 둘 만큼 많은 성관계로 이질이나 피부병, 종기와 같은 성인성 질환을 앓았을 것으로 추측된다.

세종은 숨을 거두기 전인 1449년(세종 31) 12월에 "근자에는 왼쪽 다리마저 아파져서, 기거起居할 때면 반드시 사람이 곁부축해야 하고, 마음에 생각하는 것이 있어도 반드시 놀라고 두려워서 마음이 몹시 두근거린다"라고 말했다. 이것은 세종이 어느새 언어 건삽증乾澁症(혀가 굳어져 말을 못하는 증상)과 심허心虛 증상을 보이고 있다는 증후다. 이 증상은 잠시 호전되었다가 급격히 악화되었다.

세종의 사망 원인은 젊어서부터 앓고 있던 당뇨, 종기, 중풍, 망막증 등 수많은 질병이 원인이었다. 세종은 결국 재위 31년 6개월 만인 1450년(세종 32) 2월에 영응대군(세종의 8남)의 집에서 54세를 일기로 생을 마감한다. 평생 병마와 싸우며 사대부 세상을 만들다가 세상과 작별한 것이다.

척추에 염증이 생기고 움직임이 둔해지다

세종은 그야말로 슬픈 육체를 가진 존재였다. 우선 세종을 가장 괴롭혔던 당뇨와 그에 따른 합병증을 살펴보자. 운동은 하지 않은 채 육식을 즐기고 후궁들과의 성관계가 당뇨를 동반했을 것이다. 당뇨병을 글자대로 풀어 쉽게 설명하면 설탕 오줌병sugar diabetes이라 할 수 있다(당뇨병을 뜻하는 영어 diabetes mellitus에서 멜리투스mellitus는 라틴어로 '달다'는 뜻이다). 당뇨병은 치료 가능한 질병인데, 가만히 놔두면 사망에 이르게 된다. 이 증상은 갈증이 만성적이고 소변량이 증가하게 된다. 고혈당이 비정상적으로 갈증을 일으키는 이유는 인체에 쓰고 남은 당을 소변을 통해 제거하기 때문이다.

그러나 신장은 설탕 입자를 통과시킬 수 없기 때문에 몸은 여분의 수분을 공급해 비정상적으로 많은 설탕을 녹여 신장으로 건네주어야 한다. 당뇨가 조절되지 않을 때 혈중과 소변의 당 용량이 높아지기 때문에, 인체는 수분이 부족하게 되어 갈증을 일으킨다.

당뇨병의 증상으로는 우선 갈증과 함께 식욕이 증가하고 더불어 체중이 감소한다. 이외에도 밤에 소변을 자주 보러 일어나거나 탄산음료나 차보다 냉수를 좋아한다. 그리고 물을 마시지 않았거나 물 마시기를 참았지만, 소변량이 많다.

당뇨병은 대부분 40세 이후에 발병한다. 인체가 노화되면서 췌장 기능이 저하되어 인슐린 분비가 감소하고 더구나 그 기능이 떨어지는 데다가, 간에서 필요 이상으로 많은 당이 만들어지거나 나이가 들수록 혈당이 상승하기 때문이다. 나이가 젊어도 생기는 경우가 있는데, 이는 유전적으로 오는 경우가 많다.

결국 당뇨병은 혈당 관리를 제대로 하지 못한 것에서 발생하는데, 혈당 관리에는 식사, 운동, 약물 등이 중요하다. 이 중 식이요법이 가장 기본이고 중요하지만 가장 어려운 부분이기도 하다. 대표적인 잘못된 식습관은 과식, 잦은 간식, 불규칙한 식사다. 이러한 증상은 모두 세종에게서도 발생했다.

당뇨병이 심해질 경우 각종 심혈관 질환이 발생한다. 또 시력 저하나 고혈압, 극심한 피로를 느끼는 등 합병증이 발생해 인체의 약한 부분을 파고든다. 세종 역시 그러한 증상들이 숨을 거둘 때까지 지속되었다.

세종을 자리에 눕게 했던 가장 중요한 질병인 강직성 척추염에 대해서 살펴보자. 강직이란 오랜 기간 염증이 진행된 후 관절에 변화가 일어나 움직임이 둔해지는 것을 의미하고, 척추염이란 척수에 염증이 생기는 병이라는 뜻이다. 따라서 강직성 척추염은 말 그대로 '척추에 염증이 생기고 움직임이 둔해지는 병'이라고 할 수 있다.

이 병은 발뒤꿈치, 가슴뼈, 허리뼈같이 인대나 힘줄이 뼈에 붙는 부위에 염증이 생기는 골부착부염骨附着部炎이 특징이다. 관절 외에 눈, 위장, 폐, 심장, 신장, 전립선 등 다른 장기에도 침범할 수 있다. 주요 원인으로 세종과 같은 허리 통증은 엉덩이 천장관절염이 가장 특징적인 것으로, 염증성 허리 통증의 양상으로 나

세종은 젊어서부터 앓고 있던 당뇨, 종기, 중풍, 망막증 등 수많은 질병이 사망 원인이었다. 경기도 여주시에 있는 세종과 소헌왕후 심씨의 능인 영릉.

타난다.

주로 20~40대에 발생해 증상이 서서히 진행되고, 3개월 이상 장기간 지속되는 것이 특징이다. 염증성 허리 통증은 아침에 심하고 뻣뻣한 강직이 동반되며, 운동 후에는 좋아지는 경향을 보인다. 그 원인은 세균 감염이나 외상, 과로 등의 환경적 요인이다.

현재까지 강직성 척추염을 완치하는 약물은 없다. 그러나 항염제抗炎劑를 쓰면서 운동요법을 함께 시행할 경우 효과는 있겠지만, 당시에는 항염제만 썼을 가능성이 높다. 운동을 싫어하는 세종의 생활 습관이나 당시 의료 기술이 낙후된 상황 등을 고려해볼 때 세종은 정상적으로 걷지 못하고 허리를 앞으로 많이 구부리고 걸었을 것이다.

문종

1414~1452
재위 1450. 2~1452. 5

등에 난 종기

　문종은 1414년(태종 14) 세종과 소헌왕후 심씨 사이에서 첫째 아들로 태어났다. 이름은 향珦이다. 문종은 1421년(세종 3) 8세의 나이에 왕세자로 책봉되어 29년 동안 왕세자 교육을 받고, 37세의 장성한 나이로 왕위에 올랐다. 조선으로서는 처음으로 맞은 준비된 왕이라 해도 과언이 아니다. 더구나 즉위하기 7년 전인 1443년(세종 25)부터 이미 국정에 참여해 아픈 아버지를 대신해서 정치에 개입했다. 이때부터 세종이 사망하기까지 부자가 공동으로 나라를 다스렸다.

문종의 질병과 치료에 대한 기록은 『문종실록』에 세자 시절부터 사망하기까지 36회에 걸쳐 나온다. 가장 최초로 문종의 종기에 대한 기록은 1449년(세종 31)이다. 이때 왕세자인 문종의 종기 뿌리가 빠져나옴에 따라 세종이 이를 경하해 관원들에게 자급自給을 더해주고 기뻐했다고 한다. 다음 해인 1450년(세종 32) 왕세자의 종기에 대해 자세하게 나온다.

"세자가 작년 10월 12일에 등 위에 종기가 났는데, 길이가 한 자가량 되고 넓이가 5~6치나 되는 것이 12월에 이르러야 곪아 터졌는데, 창근瘡根의 크기가 엄지손가락만 한 것이 여섯 개나 나왔고, 또 12월 19일에 허리 사이에 종기가 났는데, 그 형체가 둥글고 지름이 5~6치나 되는데, 지금까지도 아물지 아니하여 일어서서 행보行步하거나 손님을 접대하는 것은 의방醫方에서 꺼리는 바로서 생사生死에 관계되므로, 역시 세자로 하여금 조서早逝(요절)를 맞이하게 할 수 없습니다."

문종의 등에 난 종기는 지금의 단위로 환산하면 길이가 30센티미터, 넓이가 15~18센티미터나 되는 아주 큰 것이었다. 이것을 종기라고 불러야 할지 알 수 없지만, 어쨌든 종기는 잠시 호전되기도 했지만 허리에서 재발했다. 또 1450년 2월 18일은 부왕인 세종이 사망한 지 이틀 뒤가 되는데, 이날의 기록에는 세종의 유교遺敎가 나와 있다.

"3일 안에는 죽을 조금 먹고, 3일 후에는 밥을 조금 먹어야 병이 나지 않고 생명을 보전할 수 있을 것이다."

이는 세종이 죽고 난 후 문종을 염려해 이 말을 했던 것으로 생각된다. 즉, 세자 시절부터 병약했던 문종이 자신이 죽은 뒤에 음식을 제대로 들지 못해서 병이 깊어질까봐 걱정하는 마음으로 이 말을 남겨두었던 것이다.

등에 생기는 종기, 즉 등창을 한의학에서는 배저背疽라고도 하는데 『동의보감』에서는 종기를 옹癰과 저疽로 나눈다.

"옹은 병이 얕은 곳에서 생기며 급하게 달아오르지만 치료하기 쉽다. 저는 독기가 속에 몰려 있으므로 치료하기 어렵다."

문종의 등창은 안타깝게도 치료하기 어려운 저에 속하는 배저였다. 『동의보감』은 옹저가 생겨 생명이 위험할 수 있는 곳을 다섯 곳으로 분류한다. 그중 한 부위가 바로 등이다. 『동의보감』은 등창의 원인을 이렇게 지적한다.

"등은 방광경膀胱經과 독맥督脈이 주관하는 곳으로, 오장은 다 등에 얽매어 있다. 혹 독한 술이나 기름진 음식을 많이 먹거나 성을 몹시 내고 성생활을 지나치게 하여 신수腎水가 말라서 신화身火가 타오르면 담에 엉키고 기가 막히는데 독기가 섞이면 아무 데나 옹저가 생긴다."

문종은 술이나 기름진 음식을 좋아하고 성적으로 문란한 사람이 아니었다. 『문종실록』의 기록을 보면 1452년(문종 2) 조선 최고의 명의 전순의全循義가 침으로 종기를 따서 고름을 짜냈다. 두서너 홉의 고름을 짜냈다고 하는데, 360cc 정도의 엄청난 양이다. 전순의는 의정부와 육조에 "왕의 옥체가 어제보다 나으니 날마다 건강이 회복되는 중이다"라고 보고했다.

문종은 세자 시절부터 병약했는데, 재위 기간 등에 난 종기로 많은 고생을 했다. 경기도 구리시 동구릉에 있는 문종과 현덕왕후 권씨의 능인 현릉.

꿩고기가 독살의 증거인가?

그런데 전순의나 신하들의 바람과는 달리 문종은 갑자기 세상을 떠났다. 향년 39세였다. 호전되고 있다는 전순의의 보고만 믿다가 갑작스러운 문종의 죽음을 마주한 대소신료들은 망연자실했다. 그리고 문종의 죽음을 전순의에게 물었다. 등창에 해로운 꿩고기를 올려 문종을 사망하게 했다는 것이다.

통상적으로 자신이 치료하던 왕이나 왕비가 세상을 떠날 경우, 어의들은 형식적인 처벌을 받는다. 잠시 근신에 처했다가 곧 풀어주는 식이었다. 전순의의 목을 베는 대신 전의감 청지기로 강등시키고, 변한산邊漢山과 최읍崔浥은 전의감 영사令史로 강등시켰다. 단종은 어의들이 일부러 부왕에 대한 치료를 소홀히 하지는 않았을 것이라는 의견을 내비쳤다.

그러나 사헌부와 사간원는 문종의 죽음에 관여된 자들을 낱낱이 밝히자고 건의했다. 이에 도승지 강맹경姜孟卿이 단종에게 "어린 나이로 즉위하셨는데 대신의 의논議論을 따르지 않고 자주자주 고치면 경이輕易함에 가까울까 두려우니, 마땅히 언관言官(사헌부·사간원)을 꾸짖어 보내야 합니다"라고 말했다. 선왕의 죽음에 의혹이 있다는 언관을 꾸짖어야 한다는 주장이었다. 의혹이 없도록 파헤치자고 주장해야 할 도승지의 말이라기에는 이해하기 힘든 처사였다.

문종의 사망 원인은 종기였지만, 종기에 상극인 꿩고기를 올려 사망을 재촉했다는 것이다. 꿩, 닭, 오리 등은 껍질에 기름기가 많아서 종기 환자에게는 절대 처방할 수 없는 음식이다. 이를 두고 오늘날 역사학자들은 문종이 독살되었다고 주장한다.

독살의 근거를 살펴보면 이렇다. 꿩고기가 종기에 금기인 것은 반하半夏 때문이기도 하다. 반하생半夏生의 준말인 반하는 천남성과 다년초로 그 뿌리는 맵고 독성이 있으나 담痰, 해수咳嗽, 구토를 치료하는 데 쓰이기도 한다. 특히 음력 4월경의 반하는 독성이 강해서 사람이 반하 한 숟가락을 먹으면 죽을 정도로 치명적이다.

문종이 종기로 누웠을 때가 음력 4월인데, 전순의가 꿩고기를 올렸다는 것이다. 꿩고기는 겨울철 대지가 얼었을 때 올려야 하는데, 이를 무시하고 문종에게 먹게 한 것은 고의가 아니라면 있을 수 없는 처방인 것이다.

또한 종기에 고름이 생기면 침으로 찌를 수 있으나, 고름이 생기지 않으면 찌를 수가 없는데도 전순의가 침으로 찌르자고 아뢰어서 끝내 죽음에 이르게 했다는 것이다. 종기에 고름이 생겼을 때는 침을 써서 고름을 빼내지만, 초기에 쓰면 도리어 증상이 악화되어 염증이 심화된다. 환부에 강한 자극을 주면 증상이 악화되기 마련인데, 전순의가 기초 지식을 무시하면서까지 문종에게 이런 처방을 한 것은 고의가 아니면 있을 수 없는 일이라는 것이다.

결국 전순의는 매일 약 대신 독을 처방한 셈이다. 이는 특정한 의도가 있지 않고서는 불가능한 처방인 셈이다. 그러나 문종의 죽음이 종기 때문인 것은 분명하지만, 그 종기를 악화시켜 죽음에 이르게 했다는 주장에는 근거가 거의 없다. 그보다는 그 종기가 단순한 종기인지 아니면 진짜 죽음을 재촉한 암 덩어리인지를 분석해보아야 한다.

종기가 암 덩어리는 아니었을까?

조선 최고의 명의 전순의가 침으로 종기를 따서 고름을 짜냈지만, 문종은 세상을 떠났다. 현대의학에서 농양은 체액이 폐쇄된 공간에서 흐름이 막혀 빠져나올 수 없는 상태에서 감염이 일어나 생긴다고 한다. 누구나 농양을 한두 번 경험했을 것이다. 잇몸이나 피부의 모낭에서처럼 드러난 것이든, 간이나 폐 혹은 담낭에서처럼 숨어 있는 것이든 말이다. 위치에 따라 농양은 누를 때 움푹 들어가는 것처럼 느껴질 수 있다. 농양 속에 고름이 있기 때문이다.

그렇다면 문종이 죽음에 이르게 된 또 다른 원인이 있었을까? 우선 가장 의심스러운 부분은 종기다. 당시에는 피부에서 돋아난 혹이 있으면, 모두 종기로 치부했다.

하지만 어떤 혹은 단지 인체의 '지형'이 변해서 생긴 문제, 즉 예상치 못한 곳에 있는 장기로 밝혀지기도 한다. 가장 좋은 예가 '내려가 있는 신장'이다. 이런 신장은 정상적인 위치인 옆구리보다 낮게 자리 잡아 복부에서 만져질 때가 있다.

몇몇 장기는 주머니 형태여서 그 안의 내용물이 관을 통해서

전순의의 잘못된 치료가 문종을 죽음에 이르게 했을까? 문종의 종기는 혹 암 덩어리는 아니었을까? 경북 예천군에 있는 문종의 태실비.

외부로 나간다. 장기와 연결된 관이 막히면 분비되어야 할 물질이 역류해 그 장기를 확장시켜 결과적으로 덩어리나 부기가 생기는 것이다.

비슷한 상황이 피부 아래에 있는 기름을 분비하는 미세한 선腺 조직에서 일어난다. 피부 표면으로 연결되는 작은 관이 감염되면, 그 선 조직에서 분비되는 것이 역류되어 우리가 종기라고 부르는 작고 아픈 혹이 생기는 것이다. 이것이 더 커지면 그때는 농양이 된다.

문종의 등에 난 종기는 암 덩어리는 아니었을까? 그것도 아니면 농양이 아닌 종양 덩어리는 아니었을까? 종양은 잘못 건드릴 경우 다른 곳으로 전이되었을 테고, 그 결과 문종이 사망한 것으로 보인다. 대부분의 혹과 부기는 양성이고, 일부는 암이다. 그 외의 것들은 감염이나 염증 혹은 혈류나 다른 체액의 흐름이 막혀 생긴 것이다. 부기가 갑자기 생기고 아프면 상처나 감염일 수 있다. 반면 서서히 그리고 아프지 않게 온다면 암일 확률이 더 높다.

미국의 국립보건원 고문 의사인 이사도어 로젠펠트Isadore Rosenfeld는 "어떤 혹이 7일 동안 존재한다면 그것은 감염이고, 7개월은 암, 7년은 태어날 때부터 있었던 그 무엇이다"라고 말했다. 선천적으로 이 조건에 딱 맞는 것이 있다. 바로 인체에 어디든지 생길 수 있는 낭종囊腫이다. 낭종이라는 것을 어떻게 알 수 있을까? 낭종은 내용물이 주기적으로 배출되었다가 다시 채워짐에 따라 그 크기가 커졌다가 작아졌다 한다.

문종은 왕세자 시절부터 종기를 앓았고 또 그러다가 낫기도 했다. 그 증상이 수년에 걸쳐 있었으니 그것은 암이요, 그 기간이 7년 이상 되었으니 태어날 때부터 있었던 그 무엇에 해당한다. 문종의 종기는 감염에 의한 단순한 농양이 아니라 암이었을 확률이 있음을 조심스럽게 추정해본다.

단종

1441~1457
재위 1452.5~1455.6

"나를 죽일 수 있는 자가 없다"

단종은 1441년(세종 23) 문종과 현덕왕후 권씨 사이에서 외아들로 태어났다. 본명은 홍위弘暐로 특이하게 이름이 두 글자다. 이는 단종과 증조할아버지 태종만 이름이 두 글자였는데, 다른 왕들은 원래부터 외자였거나 왕이 된 후에 개명했다. 예를 들어 태조는 단, 정종은 경, 철종은 변昪, 고종은 희熙로 고쳤다.

단종의 기록들은 후대 왕인 세조에 의해 작성되었다. 『세조실록』은 "노산군(단종)이 이를 듣고 또한 스스로 목매어서 졸하니 예로써 장사 지냈다"라고 적고 있다. 단종 복위를 위해 의병을 일으키다 경상도 안동의 관노 이동李同의 고변告變으로 붙잡힌 금성대군(세종의 6남)과 단종의 장인 송현수宋玹壽가 교수형에 처해졌다는 소식을 듣고 자살했다는 것이다. 그러나 이 기록은 애초부터 신빙성을 의심받아왔다. 연산군과 중종 대의 문관 이자李耔는 『음애일기』에서 『세조실록』을 격렬히 비난했다.

"실록에서는 '노산이 영월에 있다가 금성이 실패했다는 소식을 듣고 자진했다'고 하는데, 이는 단지 당시의 여우나 쥐새끼 같은 무리들의 간사하고 아첨하는 붓 장난이니, 대개 후일에 실록을 편수한 자들은 모두 당시에 세조를 따르던 자들이다."

신숙주와 한명회 등이 편찬을 총괄했던 것이 『세조실록』이었기 때문에 자신들에게 불리한 내용은 기록하지 않았다는 것이다. 그래서 『세조실록』에는 단종에게 사약을 가지고 갔다는 금부도사 왕방연王邦衍의 이름도 나오지 않는다. 따라서 조선시대부터 『세조실록』을 불신했던 사람들은 『육신록』이나 『단종출손기』 같은 기록에 더 신빙성을 두었다.

『육신록』·『병자록』·『단종출손기』 등의 기록은 그해 10월 세조가 금부도사 왕방연을 보내 단종을 죽이라고 하니 왕방연이 사약을 가지고 영월 땅에 이르렀다고 전한다. 그리고 왕방연이 단종 앞에 나아가 무릎을 꿇고 아뢰었다.

"상명上命(왕의 명령)이 내려졌으니 전지傳旨(세조의 명령서)를 들으시고 약그릇을 잡으심이 옳으시나이다."

그러자 단종이 금부도사를 크게 꾸짖었다.

"돗개부리(개·돼지)가 어느 앞에서 돌아다니며 호령하느냐? 내 위에 윗사람이 없으니 누가 내게 전지를 내리며, 사약이란 것이 어디에서 났더냐? 나를 죽일 수 있는 자가 없고 나를 호령할 자가 없으니 너는 빨리 돌아가 명을 전하라."

사약이 내려지자 격분한 단종은 계속 호통을 쳤다.

"나는 선왕의 장손이고 왕실의 적파嫡派다. 선왕의 교명敎命을 받아 나라의 임자가 되었으니 수양대군은 종실宗室의 신하일 뿐이다. 지친至親의 정을 두터이 하여 내 깊이 믿는 바였는데 어찌 차마 이에 이를 줄 알리요? 나에게 이렇게 함은 만고에 하나밖에 없는 일이다. 너 또한 사람의 마음이러니 능히 평안히 여기느냐? 지하에 가서 어느 면목으로 선조를 뵈려 하느냐? 이제 수양이 죽인 여러 신하는 만고에 빛나는 것이 그치지 아니하겠지만 일시에는 불쌍하게 되었구나. 찬역지신簒逆之臣(왕의 자리를 빼앗은 역신)은 빨리 물러가라."

단종이 말을 마치고 누각에 올라가니 금부도사가 어찌할 바를 모르고 엎드려 눈물을 흘렸다. 이때 관가에서 심부름하는 공생貢生이 나섰다.

"왕명을 받아왔으니 그냥 돌아갈 수 없으리라."

그가 활시위로 단종의 목을 조르니 10월 24일 유시(오후 5~7시)였다. 『육신록』과 『단종출손기』는 이 공생이 문 밖을 나가지 못하고 얼굴의 일곱 구멍에서 피를 흘리고 죽었다고 전하는데, 『병자록』은 "이날 뇌우가 크게 일어나 지척에서도 사람과 물건을 분별할 수 없고 맹렬한 바람이 나무를 쓰러뜨리고 검은 안개가 공

『세조실록』에는 단종이 금성대군과 장인 송현수가 교수형에 처해졌다는 소식을 듣고 자결했다고 기록되어 있지만, 그 신빙성을 의심받아왔다. 장릉은 단종의 능으로 다른 왕의 능이 한양 내에 있는 반면 유일하게 강원도 영월에 있다.

중에 가득 깔려 밤이 지나도록 걷히지 않았다"라고 전한다.

가장 불운했던 왕이자 가장 단명했던 왕

『아성잡설』이나 『축수록』에는 단종의 시신이 강물에 던져져 옥체가 둥둥 떠서 돌아다니다가 다시 돌아왔다고 했는데, 한 아전이 옥체를 거두어 염하고 노모를 위해 만들어두었던 관에 장사를 지냈다고 전한다. 『영남야언』은 그 아전의 이름이 영월현의 현리 엄흥도嚴興道라고 전한다. 엄흥도가 단종의 시신을 수습해 영월 북쪽 5리 되는 동을지冬乙旨에 장사 지내려 하자, 그 친척들이 화를 당할까봐 무서워 다투어 말렸다. 그러나 엄흥도는 단호했다.

"옳은 일을 하다가 해를 당하는 것은 내가 달게 받겠다."

『육신록』은 "그 후 엄흥도의 자식이 크게 되어 사대부가 되었다"라고 전한다. 세조의 편에 서서 변절한 신숙주와 한명회는 김종서·황보인과 사육신을 죽이고 그 노비와 토지를 빼앗아 나누었을 뿐만 아니라 여성들까지 나누어 가지는 패륜을 저질렀다.

또 『파수편』은 "세조가 나라를 얻으니, 신숙주가 공신으로서 노산군의 왕비를 받아서 여종을 삼았다 하는데 이 말은 한강寒岡 정구鄭逑가 했다"라고 전하고 있다. 조선 중기 윤근수尹根壽가 지은 『월정만필』도 이 이야기를 거론하고 있다.

"노산의 왕비 송씨가 관비가 되니 신숙주가 공신비功臣婢(공신의 여종)를 삼아서 자기가 받으려 했다. 그러나 세조가 그의 청을 듣지 아니하고 얼마 후 송씨에게 정미수鄭眉壽(문종의 사위)를 궁중에서 기르라 명했다."

『단종실록』은 1698년(숙종 24) 노산군이 단종으로 복위되기 전까지 242년 동안 『노산군일기』라고 불렸다. 노산군을 죽인 수양대군 측에서 작성했는데, 후세의 비난이 두려워 편찬자들의 이름도 써넣지 못했다.

조선 27대 왕 중에서 가장 불운했던 단종은 아버지 문종이 단명한 것처럼 자신도 어린 나이에 살해당하고 말았다. 아쉬운 것은 왜 세조의 역모를 예측하지 못했는가 하는 것이다. 자신의 옆에는 김종서와 같은 명장이 있었음에도 왜 미래를 대처하지 못했을까 하는 아쉬움이 남는다.

『단종실록』에 나타난 단종의 질병에 관한 기록은 6회에 불과하다. 그 이유는 단종이 어린 나이에 죽임을 당해 별다른 병력을 가질 수 없었기 때문이다. 『단종실록』에는 단종의 질병이 구역질하는 증상과 치근齒根이 아픈 증상, 말을 할 때 약간 막히는 듯한 증상을 갖고 있다고 기록되어 있다.

단종도 부왕인 문종처럼 그렇게 강건한 체질을 가지고 있지는 않았던 것으로 생각된다. 『단종실록』에는 단종이 나이가 아직 어리고 혈기가 왕성하지 못했다고 기록하고 있는 것으로 보아 알 수 있다. 1452년 7월 6일 단종의 몸을 치료한 기록을 살펴보면 황보인 등이 단종에게 육즙肉汁 들기를 권했으나 단종이 들지 않은 내용이 나온다.

이때 황보인 등의 대신들이 아뢰기를 "성상께서 춘추가 아직 어리시고 혈기가 충실치 못하시며 또 구역질하는 증세가 있으시니,……청컨대 육즙을 조금 진어進御하소서" 했으나, 단종이 "내가 본래 구역질하는 증세가 있으니, 어찌 소식素食을 해서 그러하겠느냐?"라며 받아들이지 않았다.

1453년(단종 1) 4월 27일에도 승정원에서 의정부와 의논해 단종에게 소선을 거두고 음식을 조리할 것을 건의하는 내용이 나온다. 1454년(단종 2)에는 건강이 좋지 못해 현릉顯陵에 행차하는 것을 그만두었다는 기록이 있다.

단종은 조선의 왕 중에서 가장 단명했다. 단종은 세조에게 왕위를 빼앗긴 후, 유배지인 강원도 영월에서 17세의 어린 나이로 세상을 떠났다.

죽음의 공포로 인해 생긴 구역질

단종의 구역질은 두 가지 원인으로 예상할 수 있다. 지나친 스트레스에 의한 신경성 식도염과 회충에 의한 것으로 보인다. 또한 말이 약간 막히는 증상은 세조에 대한 두려움 때문인 것으로 보인다.

소화기관은 우리가 먹는 음식에서 영양분을 가려내 흡수하고 남은 것을 제거하는 역할을 담당한다. 이 섭취와 배설은 일련의 복잡한 단계로 얽혀 있는데, 이 과정에서 때때로 고장난다. 그런

단종은 조선 27대 왕 중에서 가장 불운하고, 가장 단명한 왕이었다. 단종의 유배지인 청령포는 삼면이 강으로 둘러싸여 있어 천연 감옥과 같다. 이곳에 왕방연시조비가 있다.

데 구토와 속쓰림은 우리가 생각하는 만큼 그리 간단한 병이 아니다. 우리의 뇌는 즐거운 경험은 쉽게 회상하지만, 신체적으로나 감정적으로 슬프게 했던 기억들은 지워버리는 경향이 있다.

그러나 지속적이고 참을 수 없었던 메스꺼움에 대한 기억은 잊기가 쉽지 않다. 사람은 갑자기 불안이 엄습해오거나 식중독, 임신, 감염 등 몸이 좋지 않을 때 메스꺼움을 경험할 수 있다. 이 괴로운 느낌은 인체의 몇 군데서 나타나는 매우 복잡한 신호의 상호작용으로 생긴다. 메스꺼움은 구토로 진행되기도 하지만, 그렇지 않을 때도 있다.

메스껍게 느껴질 때는 그 이유를 자신이 알고 있다. 그 이유를 모른다면 바이러스성 감염(미로염)이나 약물 부작용, 임신, 만성 담낭 질환, 편두통, 소화성 궤양, 식도 열공 탈장, 진행성 심장 발작, 신장 기능 이상일 수 있다.

단종의 메스꺼움은 만성화되었고 복통이나 복부 불쾌감과 연관이 있어 보이므로 소화성 궤양, 식도 열공 탈장, 췌장 이상 등의 질환이 아닌지 의심된다. 또한 갑자기 어지럽고 메스꺼운 증상이 지속되었다면, 그 원인으로 이석증耳石症을 의심해볼 필요가 있다. 이석증은 특정한 체위 변화에 따라 심한 어지러움이 나타나는 질환을 말하는데, 반고리관의 이석 이동으로 발생한다.

담적증痰積症 또한 오랜 시간에 걸쳐 위를 비롯한 소화기관이 좋지 않아 그 범위가 확대되어 발생하게 된다. 즉, 잦은 체기滯氣, 속쓰림, 명치 통증, 트림, 복부 팽만감, 설사 등의 소화기 증상과 어지럽고 메스꺼운 증상, 두통, 가슴 두근거림, 불면증과 같은 신경계 증상이 나타난다. 또 순환계 증상과 안면부 증상 등 모든 전신에서 나타나게 된다.

　이때 가장 의심해보아야 하는 것이 스트레스다. 분노, 좌절, 절망감, 화를 주체하지 못해 속으로 끙끙 앓는 사람들은 대부분 단종과 같은 증상이 나타난다. 단종은 세조에 의해 언제 죽임을 당할지도 모르는 긴장 속에 살다 보니 심한 스트레스로 인해 메스꺼움과 말이 막히는 증상이 나타난 것으로 보인다.

친족을 살해한 죄책감

세조는 1417년(태종 17) 세종과 소헌왕후 심씨 사이에서 둘째 아들로 태어났으며, 이름은 유(瑈)다. 세조가 태어났을 때는 누나 2명과 형 1명이 있었다. 세조가 2세이던 1418년(태종 18)에 아버지 세종은 세자로 책봉된 뒤 왕위에 올랐다. 이때 세 살 위의 형(문종)은 궁궐로 들어갔으나 세조는 민가에서 지냈다. 1455년 6월, 세조는 마침내 죽음의 두려움에 떨고 있던 단종을 상왕으로 밀어내고 왕위에 올랐다.

왕이 죽으면 사당인 종묘에 신주를 모시게 된다. 신주가 종묘에 들어갈 때 그 공적을 기리며 묘호를 짓는다. 태조·태종·세종 등 역대 왕의 묘호에서 보듯이, 조선시대 왕의 묘호는 두 글자로 지어졌다. 첫 번째 글자는 왕의 업적을, 두 번째 글자는 종법宗法 지위를 나타낸다.

예컨대 나라의 창업자는 태조太祖라는 묘호를 쓴다. '조祖'는 주로 창업자에게 주는 묘호이고, 나머지 후대 왕은 '종宗'을 쓴다. 그런 이유로 중국의 역대 황제 가운데 창업자나 4대조 외에 '조'를 쓴 사례는 거의 없었다.

그러나 세조라는 묘호는 후대 왕이자 그의 아들인 예종이 고집해 결정되었다. 사실 세조는 창업자가 아닌 계승자이므로 '조'가 아닌 '종'을 쓰는 것이 맞다. 그렇지만 세조는 계승한 왕이라는 '세世'와 나라를 세운 왕이라는 '조祖'를 모두 가진 왕이 되었다. 대개 '종'보다 '조'가 명예로운 것으로 여겨졌기 때문에, 신하들이 아첨하느라고 '조'를 억지로 붙이는 경우도 있었다. 선조, 순조 등은 후대에 그러한 비난을 받았다. 세조도 바로 그런 인물이었다.

세조는 재위 기간 내내 어린 조카 단종을 죽인 죄책감에 시달렸다. "얼마나 많은 사람을 죽였는지 헤아릴 수도 없구나." 세조는 그래서 그런지 친불 정책을 써서 불교를 융성시켰다. 형제들을 죽이고, 조카의 왕위를 찬탈한 것도 부족해 결국 죽여버린 그의 패륜적인 행동은 명분과 예를 중시하는 유교 사회에서는 결코 받아들여질 수 없었기 때문에 불교친화적 태도를 취한 것인

제7대 세조

지도 모른다. 또한 죄책감에 눌려 자기가 죽인 사람들의 원혼에게서 피해를 당하겠다는 생각도 없지 않았을 것이다.

세조의 질병에 대한 『세조실록』의 기록은 43회에 달하지만, 숙부인 효령대군에게 자신의 질병 이야기를 하기 전까지는 거의 나오지 않았다. 1463년(세조 9) 9월 27일의 기록을 살펴보자.

"내가 어렸을 때 방장方壯한 혈기로써 병을 이겼는데, 여러 해 전부터 질병이 끊어지지 않으니, 일찍이 온천에 목욕하자 했습니다. 그러나, 내가 평생에 뜻을 두는 것은 내 한 몸을 위해서 백성들을 수고시키려고 하지 않았기 때문에 끝내 이런 행차는 하지 않았습니다."

세조는 젊은 시절 상당히 강건한 체질을 가지고 있었던 것으로 짐작해볼 수 있다. 그런데 최초로 세조의 질병 기록이 나오는 42세 무렵부터 질병에 시달렸다는 것을 알 수 있다. 세조의 질병은 48세 무렵부터 점점 심해져 정상적으로 정사를 처리할 수 없을 정도로 매우 심각했던 것으로 보인다.

다만 『세조실록』에 기록된 세조의 질병은 풍습이나 정신적 과로로 인한 심복통만을 살펴볼 수 있을 뿐 흔히 이야기되는 피부병이나 문둥병의 근거는 찾아볼 수 없다. 세조가 꿈속에서 현호색玄胡索을 먹고 병세가 덜어졌다고 말한 부분이 나오는데, 실제로 현호색을 가미한 칠기탕七氣湯을 복용하고서 병이 나았다고 기록하고 있다.

이렇게 칠기탕을 처방한 것으로 보아 세조의 수명을 단축시킨 질환은 걱정과 두려움으로 인한 마음의 병이었을 것이다. 단종은

세조는 단종은 물론 친동생인 안평대군과 금성대군을 죽이고 세종의 후궁인 혜빈 양씨를 죽이는 등 친족 살인도 마다하지 않았다. 세조의 화상. (합천 해인사 성보박물관 소장)

물론이고 친동생인 안평대군과 금성대군을 죽이고, 세종의 후궁인 혜빈 양씨도 죽이는 등 친족 살인도 마다하지 않았던 죄의식이 마음을 짓눌렀기 때문이다.

문수보살의 도움으로 피부병을 치료하다

1457년(세조 3)에는 첫째 아들인 의경세자 이장李暲이 갑자기 병에 걸렸다. 세조는 스님 21명을 모아 경복궁 경회루에서 공작재孔雀齋를 베풀었지만 증세는 호전되지 않았다. 20세의 젊은 세자는 회복되지 못하고 한 달 정도 지나서 세상을 등지고 말았다. 둘째 아들인 해양대군 이황李晄이 세자가 되고 세자빈으로 한명회의 셋째 딸이 간택되었다. 1461년(세조 7)에는 세자빈 한씨가 병이 들었다. 그리고 그 해 세자빈은 원손(인성대군)을 낳고 5일 만에 죽고 말았다. 이 원손도 1463년에 세상을 떠났다.

육촌들의 줄초상은 세조에게 계유정난(1453년) 이후 집권 과정에서 자신이 죽인 단종은 물론이고 김종서·황보인 등 수많은 원혼을 떠올리게 하기에 충분했을 것이다. 나쁜 왕이었던 태종에 이어 야비한 세종의 아들로 태어나 또다시 그 악독한 유전적인 성격을 못 버리고 권력을 잡기 위해 학살을 저질렀던 태조의 자손들은 하나같이 정상적인 사람이 없었다. 일부 호사가들과 역사가들은 이런 점을 확대 해석해 세조와 관련된 수많은 야사를 만들어냈다.

그러나 『세조실록』에는 세조의 질병 유무만 기록되어 있기 때문에 세조가 앓았던 구체적인 병명을 추론하기 어렵다. 따라서 야사에 나오는 내용을 조금은 살펴볼 필요가 있다.

세조가 상원사에 머물고 있을 때 문수보살의 도움으로 피부병을 치료했다는 이야기나 단종의 생모였던 현덕왕후 권씨가 세조의 꿈에 나타나 얼굴에 침을 뱉어 피부병이 생겼다는 이야기나 현덕왕후 권씨가 저주를 해서 의경세자가 일찍 죽었다는 이야기나 이에 노한 세조가 현덕왕후 권씨의 무덤을 파헤쳐 관을 강에 버렸다는 이야기가 그것이다.

그러나 『세조실록』에 유사한 이야기가 없는 것은 아니다. 1462년(세조 8) 기록에는 세조가 상원사에 거둥했을 때 문수보살은 아니지만, 관음보살이 나타나는 이상한 일이 있어 살인이나 강도 이외의 죄를 사면했다고 한다. 현덕왕후 권씨에 대한 기록은 1457년(세조 3)에 나온다.

"현덕왕후 권씨의 신주神主와 의물儀物을 일찍이 이미 철거했으니, 그 고명誥命과 책보冊寶와 아울러 장구粧具(장신구)를 해당 관사로 하여금 수장收藏하게 하소서."

그러나 이것은 단종을 복위시키려는 음모에 가담한 현덕왕후 권씨의 친정어머니와 오빠를 사사하면서 현덕왕후 권씨까지 연루시켜 폐서인하고 무덤을 옮긴 데서 나온 이야기다. 정치적인 행위였지만 주술적인 것이 아니었다. 의경세자도 단종이 죽기 전에 죽었다. 결국 야사는 세조의 잔인한 행위에 대해 천벌을 받았다는 권선징악 차원에서 만들어진 게 아닌가 싶다.

왕이 되기 전 기록을 보면 세조는 평소 자신의 건강을 자신할 만큼 강건했다. 세조는 스스로 기운이 세다고 자신했고, 주위 사람들도 그렇게 인정했다. 세조의 힘과 용맹은 조선 중기의 문인인 차천로車天輅가 쓴 『오산설림초고五山說林草藁』에 잘 나타나 있다. 야담과 설화를 모은 책에 나온 기록이라 과장은 있겠지만, 그만큼 세조가 건강했음을 보여준다.

"세조가 14세 때 기생집에서 자다가 기생의 남자가 문을 두드리는 바람에 도망갔다. 문을 두드리는 순간 세조가 놀라 발로 뒷벽을 차는 바람에 벽이 무너졌다. 그리고 곧바로 나와 열 길이나 되는 담을 단숨에 뛰어넘었다. 다시 이중의 성벽을 뛰어넘었다."

세조의 치료 기록으로 유일하게 기록된 칠기탕 처방과 그의 깊은 불교 숭상은 매정한 절대 권력자의 마음속을 엿보는 창窓일지도 모른다. 겉으로 용감하고 위엄 있는 왕이었지만, 마음속은 늘 근심하고 놀라고 죽은 자들의 저주를 두려워했을 것이다.

세조는 정신적인 과로로 인해 많이 힘들었던 것으로 보인다. 그러다가 1468년(세조 14) 수강궁壽康宮에서 사망했다. 천년 만년 살 것 같이 친형제와 조카 등 친족을 도륙했던 잔인한 세조는 52세라는 그리 길지 않은 생을 살다 사람들의 비난을 받으며 흙으로 돌아갔다. 다른 사람의 목숨을 쉽게 생각하고 차지한 권력의 뒤끝이라서 허무하다는 생각이 든다.

악행을 저지르고 깨끗한 병으로 죽는 왕은 없다

세조가 왕이 되면서 건강이 나빠진 것은 크게 4가지 이유에서라고 할 수 있다.

첫째, 주색으로 인한 성병으로 그 영향이 피부병과 종기를 유발한 것으로 보인다. 세조는 주석정치酒席政治로 유명하다.『세조실록』은 애주가로서 세조의 이 같은 면모를 호음지벽好飮之癖이라고 표현한다. 세조가 죽기 전까지 술을 마신 점, 비록『세조실록』에는 많은 기록은 없지만 남의 기생까지 범할 정도로 주색을 밝혔다는 점에서 성병에 노출되었을 가능성이 있다.

둘째, 조카 단종과 친동생인 안평대군과 금성대군을 죽이고 세종의 후궁인 혜빈 양씨를 죽이는 등 수많은 사람을 죽인 죄의식으로 마음이 고통스러웠을 것이다. 이로 인해 정신적인 스트레스를 앓았던 것으로 보인다.『동의보감』에서는 스트레스를 이렇게 정의한다.

"칠기七氣가 서로 어울려서 담연痰涎(가래침)이 뭉친 것이 솜이나 엷은 막 같기도 하고 심하면 매화씨 같다. 이러한 것이 목구멍을 막아서 뱉으려 해도 뱉어지지 않으며 삼키려 해도 삼켜지지 않는다. 속이 그득하면서 음식을 먹지 못하거나 기가 치밀어서 숨이 몹시 차게 된다. 심해지면 덩어리가 되어 명치 밑과 배에 덩어리가 생겨서 아프다. 이 통증이 발작하면 숨이 끊어질 것 같다."

세조가 음식을 삼키는 데 문제가 있다면, 그 신경이 국소적으로 손상되었거나 뇌졸중 같은 신경학적 질병으로 뇌가 손상되었

세조는 주색으로 인한 성병으로 그 영향이 피부병과 종기를 유발한 것으로 보인다. 거기에 죽기 전까지 술을 마실 정도로 애주가였다. 경기도 남양주시에 있는 세조와 정희왕후 윤씨의 능인 광릉.

을 수 있다. 또 중증근무력증처럼 근육이 약화될 수도 있다. 암이나 진균眞菌 감염으로 식도가 막혀서 고통스러울 뿐만 아니라 음식을 삼키는 것이 힘들 수 있다. 피부 경화증이라는 자가면역성 질환은 식도를 굳히고 강직시켜 음식을 정상적으로 식도에서 위장으로 내려 보낼 수 없게 한다. 식도에 이웃한 기관들이 부어서 커질 때 그 조직들이 압박해 식도가 좁아지는 것이다.

셋째, 연하嚥下 장애를 일으키는 가장 분명하고도 흔한 원인은 인후(목구멍) 감염인데, 아프고 부어서 음식을 삼키기 어렵게 된다. 이러한 증상의 원인으로는 인후 감염, 편도선염, 농양, 근육 기능 이상, 식도 이상, 감염 종양, 인후의 신경과 근육 이상, 식도 폐색 혹은 열공 탈장 등 무수히 많다.

넷째, 세조는 죽을 때까지 종기와 피부병이 있어 온천욕을 했다. 피부는 인체에서 가장 넓은 기관이며 또한 매우 복잡한 기관이기도 하다. 그 자체가 질병에 취약할 뿐 아니라 몸속 깊은 곳에 있는 문제를 반영한다. 단순한 발진처럼 보이는 것도 실제로는 심장 장애(아급성 세균성 심내막염), 신장 장애(신부전), 알레르기, 매독, 암, 그 밖의 여러 질병의 증거일지도 모른다. 그렇다면 피부를 가렵게 하는 원인은 어떤 것들이 있을까?

우선 접촉성 피부염을 들 수 있다. 깨끗함과는 거리가 먼 골방이나 습기가 있는 곳에서 생활하거나 모기·이·빈대에 물렸을 가능성, 옻나무 때문이거나 피부와 닿는 곳에서 염증을 일으키는 것 등을 들 수 있다. 다음으로 알레르기 반응을 들 수 있다. 전신의 가려움은 눈에 보이는 자국(팽진膨疹)이 있든 없든 보통 음식이나 약 등에 반응하는 것을 말한다.

　세조의 피부병은 신장질환과 성병의 가능성이 있다. 말기 상태의 신장질환은 종종 전신적인 가려움과 관계가 있다. 신장에서 배설되어야 하는 독소가 쌓여 혈류를 따라 순환하다가 가려움을 일으킨다. 그래서 신장질환과 관련된 어떤 병력이 있고 손, 발, 눈이 부풀어 오른다면 그 가려움은 신장에 원인이 있다.

　세조에게 의심될 만한 가려움증은 임파선 증대를 들 수 있다. 전신적인 가려움이 있다면 쇄골 위, 겨드랑이와 사타구니 부위, 팔꿈치 부근에 있는 임파선이 부어 있다. 그렇다면 백혈구 악성 종양(백혈병)이 의심된다. 적혈구에 생기는 비슷한 병인 적혈구 증가증은 그만큼 심각하지 않으며 임파선이 증대되지도 않겠지만 자주 가렵다.

　세조의 죽음이 어떤 병 때문이며 이유 때문인지는 자세히 알 수 없지만, '악행을 저지르고 주색에 놀아난 사람치고 깨끗한 병으로 죽는 왕은 없었다'는 말이 새삼 가슴에 와닿는다.

족질을 앓다

예종은 1450년(세종 32) 세조와 정희왕후 윤씨 사이에서 둘째 아들로 태어났다. 군호는 해양대군이다. 예종은 형인 의경세자가 20세의 젊은 나이에 세상을 떠나자 세자에 올랐고, 1468년 왕위에 올라 1년 2개월 만인 1469년(예종 1) 20세의 젊은 나이에 사망했다. 이는 비명에 간 단종을 제외하고 조선의 왕 중에서 가장 단명한 비운의 왕이었다.

『예종실록』에는 예종의 질병이 매우 간략하게 기록되었고, 5회에 불과하다. 1469년 1월 6일의 기록에는 왕이 족질足疾이 있어 오래 되어도 낫지 않으므로 여러 산사山寺에 가서 쾌유를 기원했다고 한다. 예종은 자신의 족질이 어릴 적부터 있었고, 조금 상처가 있어 추위가 심해지면 아프기 시작했다고 한다. 예종의 족질은 아마도 발이나 다리 부위에 종기가 있거나 겨울철 동상으로 얻은 것으로 보인다.

1469년 11월 26일에는 예종이 몸이 불편해 서평군西平君 한계희韓繼禧, 좌참찬左參贊 임원준任元濬 등을 불러 입시入侍하게 했다고 기록하고 있다. 그러나 여기서 어떤 병 때문인지는 정확하게 나오지 않는다. 28일에는 예종의 병이 위급해 대신들을 보내 내불당內佛堂에서 기원하게 했다고 기록하고 있다. 그러나 예종은 그날 진시(오전 7~9시)에 경복궁 자미당紫薇堂에서 사망했다고 기록하고 있다. 느닷없는 죽음이었다.

『예종실록』의 기록을 종합해보면 예종은 발에 고질적인 병이 있었고 종종 감기에 걸렸다. 이것이 전부다. 이것만으로 치명적인 병에 걸려 사망했다고 결론을 내리기는 힘들다. 그러면 다음으로 심장마비나 뇌출혈 등과 같은 급사急死 쪽으로 눈을 돌려보아야 한다.

예종은 죽음에 이를 만큼 중병을 앓고 있었을까? 또 밤사이에 갑자기 위독해서 아침에 숨을 거두었다면, 도대체 무슨 중병으로 사망하게 되었을까? 이 두 가지를 살펴보면 죽음의 원인을 알 수 있을 것이다. 그러나 그런 기록은 어디에도 찾을 수가 없다. 그렇다면 정희왕후 윤씨와 한명회를 둘러싼 훈구파 세력을 의심해볼 수 있는데, 이를 좀더 살펴보기 위해 당시의 상황을 들여다보자.

예종이 병약했기 때문에 왕위를 오래 지키지 못할 것이라는 판단이 들면서부터 정희왕후는 왕권 찬탈을 걱정하고 있었다. 그래서 내린 결론이 세조의 유교를 받든 한명회를 비롯한 원상院相들과의 결탁이었다. 정희왕후는 원로공신인 신숙주에게도 물었다.

"그전부터 세조께서 자을산군을 가장 귀여워하셨으니 속히 상주喪主로 정해 민심을 안정시키소서."

정희왕후와 권신들은 이러한 선택이 종실의 반발을 불러일으킬 것이라는 판단에 따라 예종이 죽던 날 곧바로 자을산군을 왕위에 앉혔다. 그리고 왕실 세력의 중심이었던 구성군을 유배시켰다.

구성군은 세종의 넷째 아들 임영대군의 아들로 문무를 겸비한 뛰어난 인물이었다. 그래서 세조는 그를 매우 총애했으며, 이시애의 난(1467년)이 발생하자 사도병마도총사로 임명했다. 구성군은 이시애의 난을 평정하고 돌아와 오위도총부 총관에 임명되었다가 이듬해에 영의정으로 특서特敍되었다. 이때 구성군의 나이는 불과 28세였다. 그러나 막상 예종이 죽자 그는 위협적인 인물로 떠올렸다.

서열에 따른다면 예종의 다음 왕으로 덕종(의경세자)의 맏아들인 월산대군이 왕위에 올라야 마땅했다. 그럼에도 정희왕후와 한명회는 무리하게 자을산군을 왕으로 앉힌 것이었다.

예종은 왕위에 올라 1년 2개월 만인 20세의 젊은 나이로 세상을 떠났다. 경기도 고양시 서오릉에 있는 예종과 안순왕후 한씨의 능인 창릉.

예종은 독살된 것일까?

예종이 죽은 후에 독살되었다는 의혹은 계속되었다. 1469년 12월 1일 신숙주·한명회·홍윤성 등 9명의 원상과 승지 등이 빈청賓廳에서 정희왕후에게 놀라운 사실을 주청한다.

"어제 염습할 때 대행왕大行王(예종)의 옥체가 이미 변색된 것을 보았습니다. 서거한 지 겨우 이틀인데도 이와 같은 것은 반드시 병이 오래되었는데도 외인外人은 미처 알지 못했던 것입니다. 만약 이를 알았다면 투약하고 기도하는 등 마음과 힘을 다해서 실시했을 것이니, 이렇게 하고도 대고大故(왕의 죽음)에 이르렀다면 그만이지만 지금은 그렇게 하지 못했으니 신들의 통한痛恨을 이루 말할 수 있겠습니까?"

사망한 지 이틀 만에 시신이 변색되었다는 것이다. 시신의 변색은 약물에 중독되었을 때 생기는 전형적인 현상이다. 더구나 음력 11월 말에서 12월 초는 1년 중 가장 추울 때로 시신이 변색될 때가 아니었다. 왕의 염습에는 재상들뿐만 아니라 왕의 친척이나 외척들도 참석하는 법이다. 너무나 많은 사람이 변색된 시신을 보았기에 그냥 덮어둘 수는 없었던 것이다.

"군상君上의 병세는 외인은 비록 알지 못했더라도, 대비전에서는 알지 못해서는 안 되는데도, 아뢰지 않은 것이 옳겠습니까? 내의內醫와 내시內侍를 국문해 이를 처벌하게 하소서."

예종의 병세를 외인, 즉 신하들은 모를지라도 대비전에서는 알아야 하는데 대비전에서도 모르게 처리했으니 내의와 내시를 국문해야 한다는 뜻이다. 그런데 죽은 아들의 시신이 이틀 만에 변색되었다는데도 정희왕후는 놀라지 않았다.

"대행왕이 일찍이 발병을 앓았는데, 병이 나았을 때는 반드시 내게 매일 세 번씩 조회했고, 병이 발생했을 때도 사람을 시켜 문안하기를 그치지 않았으니, 내가 어찌 이 지경에 이르게 될 줄을 생각했겠는가? 세조께서 일찍이 말씀하시기를, '작은 질병은 외인에게 알게 해서는 안 된다'고 하신 까닭으로, 때로 작은 질병을 만나면 외인에게 알지 못하게 한 것이 여러 번이었다."

그러나 족질 때문에 예종이 사망했다는 말은 사실이 아니다. 그러자 정희왕후는 이번에는 예종의 죽음이 술만 마시고 음식을 먹지 않았다고 핑계를 댄다. 그러나 예종이 술을 마셨다는 『예종실록』의 기록은 찾아보기 어렵다.

정희왕후는 "내의 등은 일찍이 내게 병세를 아뢰었으니 어찌 처벌할 수 있겠는가?"라고 말했다. 정희왕후는 예종의 병세를 알고 있었다는 뜻이다. 내의와 정희왕후, 예종의 사후 처리에 대해서 논의한 사람은 예종의 병세를 알고 있었다는 것이다.

당시 예종을 진료한 어의는 권찬權攅과 김상진金尙珍이었다. 사헌부에서는 이들에 대한 처벌을 요구했지만, 정희왕후는 이들을 비호하며 보호했다. 더욱 놀라운 것은 예종이 죽은 뒤 불과 두 달 후인 1470년(성종 1) 2월 권찬을 가선대부嘉善大夫 현복군玄福君으로 승진시켰다는 사실이다. 이때는 성종이 미성년이라는 이유로 정희왕후가 수렴청정하면서 한명회 등 원상들과 상의해 정사를 처리하던 때였다. 처벌을 요구받던 당사자를 종2품 고위직으로 승진시킨 것이다.

정희왕후는 한명회의 사위인 자을산군을 왕으로 앉히는 대신 한명회와 그를 따르던 대신들에게서 자신이 수렴청정하도록 동의를 받았을 가능성이 상당히 높다. 예종이 죽은 후 한명회는 정희왕후의 후원으로 모든 권력을 장악했고, 어린 성종을 왕으로 앉힌 후 정희왕후는 수렴청정을 하게 되었다. 이런 측면에서 예종의 죽음은 독살이라고 주장하는 학자가 많다.

허위로 작성된 유교

예종은 갑작스럽게 죽었는데, 그 원인을 『예종실록』의 기록을 통해서는 자세히 알 수 없다. 예종이 앓았던 족질에 대해 살펴보기로 하자. 예종의 족질은 동맥 폐색이나 신경병증 중 하나이거나 혹은 두 가지 병이 합병증으로 왔을 가능성이 있다. 그러나 족질로 인해 예종이 사망했다는 것은 신빙성이 없어 보인다.

예종이 숨을 거두기 전에 작성되었다는 유교는 정희왕후와 한명회가 결탁해서 명나라에 왕위의 정당성을 설명하기 위해 허위로 작성되었다는 점에서 독살설을 뒷받침한다.

"내가 용렬한 자질로써 외람되이 황상皇上의 큰 명령을 받들어 조종의 왕업을 지켜오면서 늘 큰 짐을 견디지 못할 것을 두려워하고 있었는데, 지금 병을 얻어 날로 파리해져 약이 효험이 없으니 아마 장차 일어나지 못할 듯하다. 생각건대, 나의 한 아들

예종이 숨을 거두기 전에 작성되었다는 유교는 정희왕후와 한명회가 결탁해서 허위로 작성되었다는 점에서 독살설을 뒷받침한다. 예종 어보. (국립고궁박물관 소장)

은 겨우 4세인데다 또 풍질을 앓고 있으니, 후사를 감당할 수 없다. 선부先父 혜장왕(세조)의 적자는 다만 내 형제 두 사람뿐이었는데, 세자 이장(의경세자)은 불행하게도 일찍이 세상을 떠났다. 그 아들도 두 사람뿐인데, 장자인 월산군 이정은 병이 많고 기질도 약하다. 그 아우 자산군 이혈은 기개와 도량이 숙성하고 효도하고 우애하며, 학문을 좋아해 후사를 맡길 만하다. 사유를 갖추어 나의 모비母妃(정희왕후)에게 여쭙고 고해 허락을 받았으니 그로 하여금 권서權署 국무國務(왕이 없는 동안 나라를 다스리는 것)를 하도록 하라."

예종의 유교를 위조해 명나라에 올린 이 행위가 예종이 누구에 의해 죽임을 당했는지를 말해주고 있다. 예종은 구공신의 음모에 빠져 자신의 가장 큰 우익 세력일 수 있었던 남이南怡와 같은 신공신 세력을 초토화시켜 간신과 충신을 알아보지 못한 결과였다. 아니 어쩌면 억울하고 처참하게 죽은 남이의 복수가 통했는지도 모른다.

남이를 능지처참한 다음 날 예종은 역모를 다스린 공로로 익대공신 37명을 책봉했다. 1등 공신은 5명이었는데, 유자광·신숙주·한명회·신운·한계순이었다. 조선의 간신이라고 하는 대표적인 사람이었다. 그리고 남이의 딸 남구을금南求乙金을 한명회에게, 남이의 첩 탁문아卓文兒를 신운에게 주고 노비나 노리개로 삼도록 했다. 예종은 아버지 세조와 비슷하게 악의 정점에 와 있는 왕이었다.

그런 극악무도한 행위를 했던 예종은 얼마 되지 않아 자신도 남이를 모함한 간신들과 어머니에게 똑같이 죽임을 당했다. 예종의 죽음은 어린 나이에 서둘러도 너무 서둘러 벌어진 일이었다. 권력 앞에서는 부모형제도 뒤돌아보지 않는다는 말이 새삼 예종의 죽음 앞에서 다시 떠오른다.

성종

1457~1494
재위 1469.11~1494.12

제9대

야음을 틈타 궁궐 밖으로 나가다

성종은 연산군의 아버지이자 우리가 잘 알고 있는 서울시 강남구 선릉에 묻혀 있는 왕이다. 성종에 대해 『연려실기술』은 이렇게 평가하고 있다.

"왕은 총명하고 영걸스럽고 너그럽고 인자하고 공손하고 검소하며 경서와 사서, 성리학에 깊이 통달했다. 백가百家의 글과 역법, 음악에까지 널리 통달하고 활쏘기, 그림에도 정묘한 경지에 이르렀다."

성종은 인재를 알아보는 안목을 가졌을 뿐만 아니라 자신의 의지를 결코 신하들에게 굽히지 않는 성격을 지닌 것으로 보인다. 성종은 또 사치를 좋아했다. 1472년(성종 3) 8월 23일 성종은 의정부에 사치를 경계하고 근검절약하라는 내용의 지시를 내린 바 있다. 그런데 그에 대한 사신의 논평이 대단히 의미심장하다.

"왕이 풍속이 사치스러운 것을 숭상하기 때문에 근검하라는 하교를 내린 것이니, 이는 왕이 크게 관심을 가진 것이다. 그러나 사치한 습속은 모두 다 (왕 자신이) 의복과 음식의 아름다움을 귀하게 여겨 가까이한 데 연유한 것으로 참람僭濫하게 본뜨는 것이 절도가 없어서 드디어 풍속을 이루었으니, 탄식할 따름이다."

성종 자신이 의복과 음식을 호화롭게 입고 먹는 것을 대신들이 본뜨고 다시 이것을 민간 사대부들이 본떠서 이런 일이 벌어졌다는 것이다. 또 주색과 관련해서는 이런 내용이 나온다. 1473년(성종 4) 3월 16일 주강晝講에서 『시경』을 읽다가 동지사同知事 이승소李承召는 성종에게 이런 말을 한다.

"대개 왕이 쾌락을 좋아하면 주색에 빠지고 사냥으로 날을 보내는 등 안 하는 짓이 없으므로, 성품을 해치고 수명이 줄어들게 되는 것입니다. 쾌락을 경계하면 덕성이 함양되고 혈맥을 경계하면 혈맥이 강해져서 수명이 길어집니다."

이런 말을 했다는 것은 성종의 주색과 사냥 혹은 이 중 어느 하나에 탐닉하는 면을 보였을 가능성이 있다. 성종은 야음을 틈타 궁궐 밖으로 자주 나들이를 나갔으며, 술을 좋아하는 왕이었다. 1478년(성종 9) 12월 8일 경연을 마치자 대사간大司諫 안관후安

寬厚가 아뢰었다.

"무과 시험이 있던 날 전하께서 월산대군의 집에 들러 밤이 깊어서야 돌아오셨으니, 친족을 친애하는 의리는 지극하셨습니다. 그러나 모시고 따라간 신하 중에는 취해서 예의를 잃은 자가 있었으며, 군사 중에는 배고프다는 탄식이 있었고 대오를 벗어난 자까지 있었습니다. 왕의 거둥은 가볍게 할 수 없는 것이라고 신은 생각합니다."

조선시대의 왕은 밤에 궁궐 밖을 못 나가도록 되어 있었다. 무슨 일을 당할지 모르기 때문이다. 그러나 성종은 수시로 밤에 궁궐 밖을 나갔다. 그 때문에 야사 등에서는 성종이 여염집 여인네들과 놀았다는 이야기가 나온다. 심지어 어우동과 성종의 관계설까지 나돌았다.

그래서 세간에는 성종을 일러 '주요순 야걸주晝堯舜夜桀紂'라고 했다. 즉, 낮에는 요순과 같은 성군이고, 밤에는 걸주와 같은 호색가였다는 뜻이다. 그만큼 술과 여자를 좋아했다. 성종은 술을 마실 때 아주 큰 술잔으로 마셨는데, 종친 중에 이를 못마땅하게 여긴 사람이 있었다. 『오산설림五山說林』에는 이와 관련해 이런 이야기가 전한다.

"왕은 큰 술잔으로 술 마시기를 좋아했다. 맑기가 물과 같은 옥 술잔 하나가 있었는데, 왕은 늘 술에 취하면 다른 신하에게도 이 술잔으로 술을 마시게 했다. 종실 사람 하나가 술을 마신 뒤에 이 술잔을 소매 속에 넣고 일어나 춤추다가 일부러 땅바닥에 넘어지니 술잔이 산산이 부서졌다. 이것은 왕이 술을 많이 마시는

성종은 낮에는 요순과 같은 성군이고, 밤에는 걸주와 같은 호색가였다. 서울시 강남구에 있는 성종과 정현왕후 윤씨의 능인 선릉.

것을 은근히 비판하는 뜻이었다. 왕도 그것을 허물하지 않았다."

성종은 가뭄이 들면 자주 수반水飯을 들었다. 밥에 물을 말아서 먹는 수반은 자연재해를 극복하고자 하는 왕의 도덕성을 과시하는 것이기도 했지만, 동시에 몸속에 불기운을 키우고 있던 성종의 열성熱性 체질을 드러내는 것이기도 하다. 수반과 관련해서 성종의 까칠하고 직설적인 성격을 잘 보여주는 기록도 있다.

1470년(성종 1) 6월 1일 김질金礩이 "비위脾胃는 찬 것을 싫어하므로, 수반이 비위를 상할까 염려합니다"라며 걱정의 말을 아뢰자 "경의 말과 같다면 매양 건식乾食을 올려야 하겠는가?"라고 곧바로 말꼬리를 잡아 반박한다. 성종의 급한 성격을 알 수 있다.

수반을 자주 먹는 습관은 설사로도 이어졌다. 『단계심법』이라는 책은 여름철에 찬 음식을 많이 먹거나 찬물이나 얼음물을 너무 자주 마시면 토하거나 설사하게 된다고 경고하고 있다. 그리고 더위를 먹었을 때에는 "비위를 따뜻하게 하며 음식물을 잘 소화시키고 습濕을 없애며 오줌이 잘 나가게 해야 한다"라고 처방하고 있다.

감기와 종기로 고생하다

『성종실록』에 나타난 성종의 질병에 관한 기록은 73회에 걸쳐 나온다. 세종의 질병에 관한 기록과 더불어 성종의 질병 기록도 비교적 자세하고 많다. 따라서 성종도 매우 다양한 병을 가지고 있음을 볼 수 있다. 이 기록들을 보면 성종은 자주 감기 증세가 있었고, 종기를 앓기도 했으며, 치통·요통·임질·두통·식상食傷·이질·부종·수전증·서병暑病 등을 앓았음을 알 수 있다.

성종의 질병 중에 감기에 관한 기록을 살펴보자. 1469년 12월 13일과 1470년 2월 7일의 기록에 성종이 증세가 있어 원상들과 대왕대비(소혜왕후)가 고기를 들도록 청하고 예종의 제사를 대행하도록 한 내용이 나온다. 이때가 성종의 나이 14세가 되는 해로 이 당시에 성종이 감기를 앓았음을 알 수 있다. 그 이후에도 성종의 나이 20세 되던 해와 38세가 되던 해에도 감기 증세가 있었다고 기록하고 있다.

1480년(성종 11) 7월 8일에는 성종이 승정원에 명나라 사신에게 치통을 그치는 약이 있는지 물어보면 어떻겠냐고 넌지시 묻는다. 그러나 도승지 김계창金季昌은 단박에 왕의 병을 다른 사람에게 알릴 수 없다고 거절한다. 왕의 건강과 질병은 국가 기밀이라는 것이다. 그러나 우여곡절 끝에 명나라 사신에게 치통 치료를 처방받은 것 같다.

7월 21일의 기사를 보면 명나라 사신들을 경복궁 경회루에 불러 잔치를 하는데, 사신들이 술잔을 권하자 그들이 가르쳐준 곡소산哭笑散을 먹고 치통이 좋아졌는데 술을 먹으면 심해질까 두렵다고 거절하는 장면이 나온다. 곡소산은 『동의보감』에 기재되어 있는 처방인 곡래소거산哭來笑去散을 말한다. 웅황, 유향, 후추, 사향, 필발, 양강, 세신 등이 들어간 약물로 약을 가루로 빻아 콧구멍에 불어넣어 치료하는 약이다.

또한 성종은 종기를 앓았는데, 나이 27세가 되는 1483년(성종 14) 기록에는 성종이 서병과 함께 작은 종기를 앓았다고 한다. 또 1493년(성종 24) 8월 14일의 기록에는 성종의 입술 위에 종기가 터져 피가 나왔다고 했으며, 9월 12일과 17일에는 입술에 난 종기로 능에 참배하는 것을 연기하자고 논의한 내용이 나온다. 이로 보건대 성종도 20세부터 말년에 이르기까지 종기로 고생했음을 알 수 있다.

또한 『성종실록』에는 성종이 두통과 식상을 앓았다고 기록하고 있다. 1483년의 기록에 성종이 두통과 식상의 증세를 가지고 있어 가볍지 않았다고 했다. 또 5월 13일의 기록에 성종이 비위의 병을 가지고 있어 고기가 아니면 치료하지 못하니 고기 들기를 청하는 내용이 나온다. 6월 14일의 기록에는 성종이 먹은 것이 체하고 머리가 아픈 증세가 있었다고 나온다.

이로 보건대 성종은 27세에 치통과 함께 두통과 비위의 손상으로 인한 식상을 가지고 있었음을 알 수 있다. 또 38세가 되는 때에는 서병과 함께 두통 증상이 있어 경연을 정지한 기록이 나온다.

성종은 서병으로 두통뿐만 아니라 설사 증상을 가지고 있었고, 때로는 서병과 무관하게 설사 증상도 있었다고 기록하고 있다. 또 1489년(성종 20)의 기록에도 성종이 이질을 가지고 있었다고 한다. 성종은 임질 증세도 가지고 있었는데, 기록에는 단 한 번 성종의 임질에 대해 말하고 있다. 즉, 1485년(성종 16)의 기록을 보면 성종이 임질을 앓고 있어 경연에 나가지 못했다고 한다.

이외에도 성종은 요통, 심신 불안증, 소갈증 등을 골고루 가지고 있었다. 특히 38세로 사망하기 하루 전에 내의 송흠宋欽이 승정원에 보고하기를 "성상께서 신열이 나고 가슴속에 답답한 증세가 더해져서 청심환淸心丸을 올리라고 명하셨습니다"라고 한 내용이 실려 있다. 또 성종은 수전증을 가지고 있었다는 기록도 있다.

과도한 음주와 성생활

성종의 죽음에 대해 좀더 세부적인 질병과 증세를 살펴볼 필요가 있다. 『성종실록』에는 공식적으로 명나라와 일본의 사신들을 접대하느라 연회를 자주 열었고, 그것 말고도 회례연 18회, 양로연 21차례, 진연 50차례를 열었다는 기록이 보인다. 술 마실 기회가 많아도 너무 많았던 것이다.

그뿐만 아니라 성종도 술을 좋아해 술자리를 즐겼고 신하들에게 술을 먹이기도 잘했다. 서병에 가장 해롭다고 경고한 과도한 음주와 성생활을 절제하지 못했던 것이다. 이것은 정기精氣 누설로 이어졌을 것이다.

한의학자들은 성종이 앓았던 치통은 신장과 밀접한 관련이 있으며, 『동의보감』에서는 이빨을 뼈의 끝으로, 이 뼈를 신장이 주관한다고 해석한다. 『황제내경』에서는 신장이 쇠약해지면 이빨 사이가 벌어지고 신장에 허열虛熱이 있으면 이가 흔들린다고 강조한다.

성종의 서병과 치통, 급한 성격과 주색을 즐긴 취향은 이렇게 모두 연결되어 있다. 결국 각종 질병에 노출되었을 확률이 높다. 1494년(성종 25) 8월 22일, 성종이 승정원에 다음과 같은 전교傳敎을 내린다.

"오늘은 조계朝啓를 정지하니, 내가 이질 증세가 있기 때문이다. 지난밤과 오늘 아침에 뒷간에 여러 번 다녔기 때문에 이를 정지한다."

밤부터 아침까지 이질 증세가 이어진 까닭에 변소를 들락거리느라 몸이 힘들어 아침의 업무를 취소한다는 것이다. 이질은 설사와 비슷하지만 다르다. 이질에 걸리면 묽은 대변과 함께 콧물과도 같은 점액질이 섞여 나온다. 이러한 점액질 변이 나온다는 것은 대장에 문제가 생겼다는 뜻이다. 성종의 이질은 금방 호전되지 않았던 것으로 보인다. 그해 겨울인 11월 7일, 세자의 생일 하례賀禮가 취소된 기록이 있다.

"세자의 생신이므로, 백관이 마땅히 진하陳賀해야 하는데, 세자가 아뢰기를, '근래에 성상께서 편치 않으셔서 오랫동안 조회를 받지 않으셨는데, 신이 생일이라 하여 하례를 받는 것은 미안합니다' 하니, 명해 정지하도록 한다."

생일 하례를 취소한 이유가 아버지의 병이 오랫동안 낫지 않았기 때문인 것이다. 왕이 와병 중인데 무슨 생일 하례를 받겠느냐는 것이다. 또한 11월 20일과 23일에 승정원에 전교하기를, "나의 천식이 오래도록 낫지 않은 까닭으로 약을 올리게 했다. 그러니 대신은 문안하지 마라"고 말했다. 또 "내가 해수(기침)를 하느라 밤새도록 자지 못했는데, 이런 일들을 어찌 깊이 생각하지 않았겠는가?"라고 말했다.

대장암으로 사망하다

성종은 이질과 천식이 몇 달 동안이나 호전되지 않아 고생했음을 알 수 있다. 그러나 성종은 이질과 천식이 전부가 아니었다. 성종에게는 심각한 질환이 있었다. 오랫동안 이질 때문에 체액이 많이 소비된 탓인지 심한 갈증도 있었다. 목과 입술이 건조하고 특히 밤마다 기침을 할 때면 목이 건조한 증상이 더 심해졌다. 또한 찬바람이나 추위를 맞으면 기운이 빠졌고 다리에 힘이 없었다. 식사량이 점점 줄고 체중도 줄었다. 병이 오랫동안 낫지 않자, 성종은 신하들을 불러 모은 자리에서 이렇게 말했다.

"이 병은 내가 처음에 대수롭게 여기지 아니했는데, 점점 음식을 먹지 못해 살이 여위어졌다."

몇 달이 지나도록 병이 낫지 않자, 이제 성종도 자신의 몸에 대해 심각하게 생각하기 시작한 것이다. 여기에 더해 또 한 가지 증상이 있었다. 바로 배꼽 아래 부위에 작은 덩어리가 만져지는 것이었다. 내의원 제조提調 윤은로尹殷老가 문안하자 성종은 이렇게 말했다.

"배꼽 밑에 작은 덩어리가 생겼는데, 지난밤부터 조금씩 아프

성종을 괴롭혔던 천식은 바로 대장암이 폐로 전이되어 나타났던 증상이다. 성종이 사망한 창덕궁 대조전.

고 빛깔도 조금 붉다."

이질과 천식, 식욕 부진과 체중 감소에 더해 하복부에 작은 덩어리가 만져진 것이다. 이 덩어리가 있는 부위에서 복통도 느껴지고 그것이 불그스름한 색을 띤다는 것이다. 지금까지 의관들은 성종이 이질과 천식을 앓는 것으로 여겼다. 또한 이질이 오래 지속되므로 갈증도 생긴 것으로 보았다. 그런데 갑자기 하복부에 작은 덩어리가 있다는 것이다.

의관들은 고민에 휩싸이게 되었다. 성종의 하복부에 나타난 작은 덩어리가 무엇일까? 혹시 종기인가? 하지만 당시의 의학으로는 종기라고 의심할 수밖에 없었다. 그리고 신하들은 종기 전문가를 부를 것을 성종에게 청했다.

"'의원 전명춘全明春이 의술에 정통해 자못 맥도脈道를 알고, 또 종기를 다스리는 데 많은 경험이 있다'고 하니, 의관을 접견하실 때에 청컨대 따라 들어가서 진맥해 살피게 하소서."

오랜 병고에 지친 성종은 그렇게 하라고 허락했다. 그날 전명춘이 입궐해 성종의 병세를 살핀다. 전명춘이 바로 입궐한 것을 보면 그는 아마 경기도 내에서 활동했던 의원으로 추측된다. 성종의 병세를 직접 살피고 나온 전명춘은 이렇게 말한다.

"배꼽 밑에 적취積聚는 참으로 종기인데, 마땅히 종기를 다스리는 약을 써야 할 것입니다."

조선의 유명한 종기 전문가를 불렀고, 이제 그가 의술을 발휘하면 될 차례다. 그런데 그만 전명춘이 성종을 알현한 그날 성종은 사망하고 만다. 성종의 사망 원인은 오늘날의 대장암으로 여겨진다. 이 대장암이 폐로 번지고 그로 인한 흉수胸水 때문에 호흡 곤란을 일으킨 것이다. 대장암은 초기에는 별다른 자각 증상이 없다.

대장암이 상당히 진행된 상태에서 느껴지는 증상은 변비와 설사, 혈흔이나 점액질 변 같은 대변의 변화, 복통, 소화불량, 복부에서 만져지는 덩어리, 체중 감소, 구토 등이다. 그렇다면 여름부터 시작한 이질은 바로 대장암의 증상 중 하나라고 볼 수 있다. 체중이 계속 줄고 식사를 제대로 하지 못한 것도 그렇다.

결정적으로 하복부에서 만져진 작은 덩어리가 바로 암 덩어리인 것으로 추측된다. 이 대장암이 폐로 전이된 것이다. 암세포가 폐로 번졌을 때 나타날 수 있는 증상은 기침이다. 흉격胸膈(가슴 안)에 흉수가 생기면 기침이 심해지고 호흡이 곤란해지며, 이로 인해 부종이 나타날 수 있다. 따라서 성종을 괴롭혔던 천식은 바로 대장암이 폐로 전이되어 나타났던 증상이다.

이러한 정황을 종합해보았을 때 성종의 배꼽 아래 종기는 대장에 생긴 악성 종기라고 추측해볼 수 있다. 성종은 피부가 아니라 오장육부에 종기가 생겨서 사망한 것이다.

사슴을 활로 쏴 죽이다

연산군은 1476년(성종 7) 성종과 후일 폐비廢妃가 되는 윤씨 사이에서 태어났다. 조선 역사상 최초로 중궁전인 교태전交泰殿에서 태어난 왕이다. 연산군 이전에도 궁궐에서 태어난 왕이 2명(단종, 성종)이 있으나, 이들은 세자빈의 거처인 자선당資善堂에서 태어났다.

연산군은 희대의 폭군으로 역사에 남았지만, 조선시대에 완전한 왕권을 누리며 전제군주로 군림한 마지막 왕이라는 사실만은 모든 역사학자가 인정한다. 연산군 이후 어느 왕도 신하와 백성 위에 홀로 당당히 서서 무소불위의 칼을 휘두른 왕은 없었다. 오히려 왕이 신하의 눈치를 봐야 했고, 당파 싸움의 소용돌이 속에서 왕 자신도 헤어나지 못했다.

그런 의미에서 연산군의 폐위는 조선의 정치사에서 큰 의미가 있다고 하겠다. 연산군은 조선 왕실의 역사에서 보자면 궁궐에서 원자로 태어나 왕의 자리에 오른 첫 번째 인물이다. 가장 정통성이 있는 왕이지만, 반정에 의해 쫓겨난 첫 번째 왕이기도 하다.

『연산군일기』는 "연산군의 폭군으로서 행보는 왕이 되기 전부터 시작되었다"라고 전한다. 연산군이 세자 시절 아버지 성종이 불러 다가가려 하는데, 난데없이 사슴 한 마리가 달려들어 그의 옷과 손등을 핥아댔다. 이 사슴은 성종이 아끼던 짐승이었다. 연산군은 사슴이 자신의 옷을 더럽힌 것에 화가 난 나머지 성종이 보는 앞에서 사슴을 발길로 걷어찼다. 이 광경을 지켜보던 성종은 화가 나서 세자를 꾸짖었다.

성종이 죽자 즉위한 연산군은 가장 먼저 이 사슴을 활로 쏴 죽여 버렸다.『연산군일기』의 기록은 이렇다.

"성종이 사망하자 왕은 상중에 있으면서도 서러워하는 빛이 없으며, 후원의 순록馴鹿을 쏘아 죽여 그 고기를 먹으며 놀이 즐기기를 평일과 같이 했다."

『연산군일기』에는 연산군의 질병에 대해서 그렇게 많은 기록이 보이지 않는다. 연산군은 나름 건강했던 것으로 보인다. 학문을 싫어하고 사냥을 좋아했으면서 여색을 탐한 것으로 보아 그는 문약한 왕이라기보다 무인 기질이 강한 군주임을 짐작할 수 있다. 기질이 그랬기에 독재와 폭정이 가능했으며 또한 건강이 그것을 뒷받침했을 것이다. 『연산군일기』에도 연산군은 고질병이 없는 것으로 기록되어 있다. 그저 일상적인 간단한 증세만 간략하게 기록되어 있을 뿐이다.

그러나 천리天理보다 인욕人慾을 택한 연산군의 행동은 그의 몸에 어떤 형태로든 영향을 미쳤다. 연산군의 질병 기록은 세자 시절까지 거슬러 올라간다. 그는 온갖 잔병을 달고 살았다. 대표적인 것이 면창面瘡이다. 이것은 얼굴에 나는 병이다. 예컨대 1492년(성종 23) 10월 21일에 "요사이 세자가 면창을 앓아 강講을 멈추었다"라는 기록이 나온다. 즉위 후인 1495년(연산군 1) 1월에 명나라에 가서 웅황해독산雄黃解毒散과 선응고善應膏라는 처방을 구해와 만덕萬德이라는 종에게 실험한 다음 의관의 동의를 얻어 자신의 면창 치료에 사용하기도 했다.

1493년(성종 24) 8월 3일에는 "승정원에 전교하기를, '세자의 얼굴에 종기가 있는데 오래 낫지 아니한다'"라고 기록하고 있다. 1494년(성종 25) 8월 12일에는 내의원 제조 윤필상尹弼商과 윤은로가 와서 "세자의 얼굴에 난 종기가 오래도록 낫지 않는데, 우리나라의 의원은 문견聞見이 넓지 못해 약을 쓰지만, 효험이 없습니다. 중국에는 반드시 양의良醫가 있을 것이니,……어찌 좋은 처방을 가르쳐주지 않겠습니까?" 하고 말했다. 그러자 성종이 그렇게 하라고 전한다.

소변을 찔끔찔끔 자주 보다

연산군은 자신의 잔병을 경연 같은 공부를 피하는 핑계로 삼기도 했다. 1496년(연산군 2) 11월에는 기침과 감기로 경연에 참석하지 못한다고 하면서 자신의 게으름을 자책하는 기록이 나온다. 1497년(연산군 3)에는 안질로 책을 읽을 수 없다고 하고, 그해 10월에는 혓바닥의 통증으로 눈썹 위가 가렵고 더워서 두통이 난다고 경연을 피한다.

1504년(연산군 10) 3월에는 어서御書를 내리기를, "근일에 일을 보려고 하지만, 가려움증으로 괴로울 뿐만 아니라 설사가 잦아 지금 약을 먹으므로 나가지 못한다"라고 했다. 아무래도 진짜 아픈 것이 아니라 꾀병일 가능성이 높다.

그러나 이 꾀병의 그늘 속에서 연산군의 목숨을 위협하는 질병이 자리 잡고 있었다. 『연산군일기』는 이것을 놓치지 않고 기록하고 있다. 시작은 소변을 찔끔찔끔 자주 보는 증상이었다. 1495년 1월 8일 승정원에서 이렇게 아뢴다.

"전하께서 소변이 잦으시므로 축천원縮泉元을 드리라 하시는데, 신 등의 생각으로는 전하께서 오래 여차廬次에 계시고 조석으로 곡위哭位에 나가시므로 추위에 상해 그렇게 된 것이오니, 바지 안쪽이나 버선에다 모피를 붙여서 하부下部를 따뜻하게 하면 이 증세가 없어질 것입니다."

남자가 소변을 보기 위해서는 양기가 있어야 한다. 방광에 고이는 소변은 혈관 밖의 물이다. 물은 데우지 않으면 보통 섭씨 4도

정도가 된다. 항온 동물인 사람은 어떤 경우에도 섭씨 36.5도의 체온을 유지해야 세포가 병드는 것을 막을 수 있다. 따라서 본질적으로 차가운 물인 소변을 섭씨 36.5도로 따뜻하게 유지하지 못하면 오장육부가 병이 든다.

연산군은 하복부를 포함해 하체를 따뜻하게 데우고 난 후 증상이 호전되었다고 한다. 이것은 타고난 양기가 약하다는 뜻이다. 실제로도 양기가 모자랐던지 연산군은 정력에 좋다는 약재를 계속 찾았다. 특히 1503년(연산군 9) 2월 8일에는 양기를 보충하려고 백마를 골라서 보낼 것을 명한다. 흰 말고기는 양기에 이롭기 때문이다.

"백마 가운데 늙고 병들지 않은 것을 찾아서 내수사內需司로 보내라."

연산군은 큰 키, 가는 허리, 뽀얀 얼굴, 적은 수염을 가졌는데 이것은 양기가 허약한 사람이 지닐 수 있는 신체 조건이다. 이것으로 보건대 연산군은 허약하고 냉했다는 것을 짐작할 수 있다. 이런 사람이 아버지 성종이 사망한 후 여차라는 오두막에 기거하면서 하루 5번 곡을 해야 했으니 얼마나 체질이 허약해졌을까?

1506년(중종 1) 연산군은 중종반정으로 쫓겨난 지 두 달 만인 11월에 강화도 교동喬桐에서 역질疫疾에 걸려 사망한다. 31세였다. 당시 기록에는 연산군이 역질에 걸려 물도 마시지 못하고 눈도 뜰 수가 없을 정도로 괴로워했다고 한다.

"교동 수직장 김양필金良弼, 군관 윤귀서尹龜瑞가 와서 아뢰기를, '연산군이 역질로 몹시 괴로워하여 물도 마실 수 없을 뿐만

연산군은 타고난 양기가 약해 양기를 보충하려고 백마 가운데 늙고 병들지 않은 것을 찾아서 내수사로 보내라고 했다. 연산군이 사망한 강화도 유배지.

아니라 눈도 뜨지 못합니다" 하니……."

연산군의 광기의 원인

연산군의 사망 원인은 『연산군일기』에 나와 있는 피부병으로는 보이지 않는다. 다만 피부병으로 인해 성격이 포악해졌을 수도 있다. 연산군의 외모를 추측할 수 있는 기록이 두 군데 남아 있는데, 첫 번째는 1504년 의금부에 한 고발이 접수되면서 남겨진 기록이다. 의금부 종으로 있었던 팽손彭孫이 연산군을 비난한 김수명金守明을 고발한 것이었다. 그 고발의 내용은 이렇다.

"전라도 부안현 기병騎兵 최중손崔仲孫의 이웃집 사람 김수명이 나에게 말하기를 '내가 전번 번番을 들러 올라왔을 때 인정전을 호위하면서 명나라 사신을 접견하는 예를 올려다보니, 명나라 사신은 우뚝 서서 읍만 하고 주상께서는 몸을 굽혀 예를 표하는데, 허리와 몸이 매우 가늘어 그다지 웅장하고 위대하지 못하더라'고 했다."

김수명이라는 사람이 연산군의 허리와 몸이 가늘어 위엄이 없고, 백성들의 곤란이 심한 것은 연산군 탓이라고 연산군의 흉을 보았다는 것이다. 이 고발이 접수되자 의금부에서는 바로 김수명을 잡아다가 국문하라는 명령을 내렸다고 한다.

세월이 100년쯤 흘러 연산군의 외모를 언급한 또 한 사람이 나타났다. 이덕형은 『죽창한화』라는 수필집을 남겨 연산군의 외모에 귀중한 증언을 기록했다. 1593년(선조 26) 임진왜란 중에 이덕형이 피난을 가던 중 진안 땅에 흘러들게 되었다. 그곳에서 만난 한 노인에게서 어렸을 적 이야기를 들었는데, 노인의 말에 의하면 그가 7세였을 때 군역에 차출되어 번을 서기 위해 상경했는데, 이때 연산군의 얼굴을 볼 기회가 있었다. 그가 본 연산군은 낯빛이 하얗고 수염이 적으며 키가 크고 눈가에 붉은 기가 감돌았다고 한다.

조선의 왕들은 체격이 우람하고 수염이 풍성한, 말하자면 대장군과 같은 풍모였다면 연산군은 정반대인 체구와 외모를 지녔다. 야사에서 전하는 바에 따르면 성종과 폐비 신씨는 상당한 미남과 미녀였으므로 연산군도 남다른 용모를 가졌을 것이다. 그렇다면 연산군은 지금의 꽃미남에 속하는 귀공자풍 외모였다는 말이 된다.

그런데 이렇게 꽃미남에 속한 연산군의 얼굴을 망친 병이 있었다. 바로 얼굴을 덮는 부스럼, 곧 면창이다. 면창에 대한 기록은 이미 언급했듯이 『연산군일기』 곳곳에 나온다. 뽀얀 얼굴에 면창이 생겼으니 지금으로 말하자면 꽃미남의 인물을 망친 것이다. 연산군을 상당히 괴롭혔던 이 면창의 정체는 모낭염이 아니였을까 추측된다.

한창 사춘기에 얼굴이 그와 같았으니 세상 삶이 온통 짜증의 연속이었을 것이다. 잘 알다시피 짜증은 화를 동반하고 화는 폭력을 동반하기 마련이다. 연산군의 광기는 어머니의 죽음과 연관되어 있을 수 있다. 스코틀랜드 정신과 의사 로널드 데이비드 랭

연산군은 귀양 간 지 두 달 만에 의문의 죽음을 당하고 말았다. 서울시 도봉구에 있는 연산군과 폐비 신씨의 묘.

Ronald David Laing은 광기를 이렇게 평가했다. "광기는 정상으로 가기 위한 돌파구다." 조선 역사상 성군의 길을 가장 극렬하게 역주행한 광기의 폭군인 연산군은 어쩌면 인격장애자였을 가능성이 있다.

연산군은 살해되었을까?

연산군을 죽음으로 몰고 간 원인이 역질이라고 『연산군일기』는 기록하고 있지만, 어쩌면 연산군의 죽음은 인격장애로 인한 것은 아닌지 안타까운 마음이 든다. 또 다른 측면에서는 연산군의 생명줄을 쥐고 있던 반정 세력에 의해 살해되었을 가능성도 배제할 수 없다.

사실 옥새를 순순히 내준 연산군은 목숨을 건졌으나 위리안치된 그의 목숨이 길 수는 없었다. 열 살짜리 세자와 두 왕자까지 죽여버린 반정 세력이 연산군을 살려둘 리가 없기 때문이다.

1506년 11월 8일 중종은 내관內官 박종생朴從生을 보내 수의를 내리고 장례를 감독하도록 했다. 표면적으로는 연산군이 병에 걸려 죽었고, 중종이 후하게 장례를 치러준 것처럼 보인다. 그러나 연산군의 발병 날짜와 죽은 날짜에 대한 보고는 연산군의 죽음이 예사롭지 않음을 말해준다.

교동 수직장 김양필이 연산군이 역질에 걸렸다고 보고한 것은 11월 7일이다. 그리고 다음 날 8일 김양필은 연산군이 6일에 죽었다고 보고했다. 연산군이 병에 걸렸다고 중종이 보고를 받은 날짜가 7일인데, 그 전날 연산군은 이미 죽었던 것이다. 강화도는 한양까지 파발을 이용하면 하루 안에 충분히 당도할 수 있는 거리였다. 그러나 중종은 연산군이 죽은 다음 날에야 병에 걸렸다는 보고를 받았다.

 사망 원인도 의문이었다. 연산군의 사망 원인인 역질은 전염병이지만, 함께 생활하던 나인들이나 유배지를 지키던 군졸들은 아무도 전염되지 않았다. 따라서 연산군의 사망 원인은 역질이 아닐 확률이 높다.

 만에 하나 명나라에서 시비를 걸거나 뜻밖의 변고가 생겨 연산군이 복위라도 한다면 그 피바람은 상상을 불허할 것이었다. 중종반정 당일 활을 가져오라고 소리쳤던 강성한 연산군은 귀양 간 지 두 달 만에 의문의 죽음을 당하고 말았다.『연산군일기』에는 연산군에 대해 호의적인 단어는 눈을 씻고 보아도 찾아볼 수 없다.

중종

1488~1544
재위 1506. 9~1544. 11

산증과 종기를 앓다

중종은 1448년(성종 19) 성종과 정현왕후 윤씨 사이에서 태어났다. 1506년(중종 1) 중종반정으로 19세의 나이로 왕위에 올랐다. 친정親政에 나선 중종은 조광조趙光祖 등의 신진 사류士類를 중용했으나, 훈구파의 반발을 초래해 기묘사화己卯士禍(1519년)가 일어나는 등 중종 치하의 정국은 혼미를 거듭했다.

『중종실록』에 나타난 중종의 질병을 살펴보면 그의 생명을 위협할 정도의 고질병을 앓은 흔적은 보이지 않는다. 중종을 가장 괴롭힌 것은 종기로 보이며, 나이 40세가 되는 1527년(중종 22)에 종기를 앓았다는 기록이 1532년(중종 27)에 나오면서부터 그해 가을부터 다음 해인 1533년(중종 28) 봄까지 괴롭힌 것으로 되어 있다. 그리고 57세가 되는 1544년(중종 39) 1월부터 집중적으로 기록이 나타나다가 그해 11월 15일 세상을 떠났다.

중종의 질병에 대한 기록을 살펴보면, 1544년 10월 26일에 승정원에서 문안하고 증세를 묻자 중종은 건조한 말투로 대변을 잘 보지 못한다고 하자 처방을 의논한다. 이어서 나온 말은 놀랍다. 내의원 제조가 문안하자 "내 증세는 여의女醫가 안다"라고 말한다. 여기서 여의는 우리가 잘 알고 있는 드라마 〈대장금〉에서 나오는 장금을 말한다. 내의원 제조는 장금에게 중종의 상태를 물어보자 장금은 이렇게 말한다.

"지난밤에 오령산五苓散을 달여 들였더니 두 번 복용하시고 삼경(밤 11시~1시)에 잠이 드셨습니다. 또 소변은 잠깐 통했으나 대변은 전과 같이 통하지 않아 오늘 아침 처음으로 밀정密釘을 썼습니다."

중종이 앓았던 질병은 산증疝症이다. 산증은 하복부의 통증이 위로 치받쳐 올라 대소변을 잘 보지 못하는 병이다. 의관들은 중종의 증세에 맞추어 이날까지 여러 날에 걸쳐 반총산蟠乳散을 처방해왔다. 그러나 차도가 없자 장금이 극적인 처방을 구사한 것이다. 바로 밀정이다. 밀정은 일종의 좌약이다. 다시 말해 관장을 해서 대변을 직접 배설시켰다. 피마자 기름이나 통유탕通乳湯 등 여러 가지 방법을 써 보다가 안 되니 직접 관장을 한 것이다. 사

중종은 19세의 나이로 왕위에 올라 조광조 등의 신진 사류를 중용했으나, 훈구파의 반발을 초래해 기묘사화가 일어났다. 조광조 초상.

흘 뒤인 29일에는 중종이 대변을 보았다고 기록하고 있다.

중종은 반정으로 왕이 된 대표적인 경우다. 왕 노릇이 정말 힘들었는지 19세에 왕이 된 중종은 40세에 이르러서야 종기를 앓았다. 중종은 어깨 부위가 아프고 붓는다고 고통을 호소했다. 이때 합병증으로 기침과 치통까지 생기면서 의원들과 신하들은 치료 순서에 대해 고민하지만, 종기를 먼저 치료하기로 한다.

약으로 천금루노탕千金漏蘆湯을 처방하고 종기를 침으로 터뜨린다. 종기는 의외로 곪지 않아 태일고太一膏, 호박고琥珀膏, 구고고救苦膏 등 고약을 붙인다. 종기의 나쁜 피를 직접 거머리로 빨아먹게 하고서야 종기가 호전된다. 거의 6개월이 지나서야 종기가 어느 정도 치료되어 중종은 의관들에게 상을 준다.

똥물을 마시다

중종은 치통으로도 고생했다. 1519년(중종 14)부터 1544년까지 무려 25년 동안 치통으로 고통을 받았다. 치통이 주는 고통은 상당했던 것 같다. 1539년(중종 34) 8월 18일 중종은 치통 때문에 영정影幀(옛 왕들의 초상화)을 맞이하는 일을 세자에게 맡긴다. 1544년 6월 29일 다시 치통이 말썽을 부리자, 의관과 치통에 대해 구체적으로 논의한다.

"나에게 본디 이앓이 증세가 있는데 아픈 것은 빠졌으나, 지금 있는 이가 또 아프고 흔들린다. 이 이가 빠지면 음식을 먹기 어렵

겠고 잇몸도 붓고 진물이 나오는데, 약으로 고칠 수 있는가?"

중종이 그 원인을 자신이 분석한다.

"대저 감기에는 반드시 열기가 생기므로, 이가 움직일 때에 잇몸도 헐고 열이 나니, 감기 때문에 일어난 듯하다. 잇몸이 조금 붓고 진물이 나는데, 어떻게 하면 이를 튼튼하게 할 수 있겠는가?"

내의원 제조 강현姜顯이 대답한다.

"먼저 옥지산玉池散으로 양치질한 다음에 청위산淸胃散을 복용하고 뇌아산牢牙散을 아픈 이 겉에 바르고 또 피마자 줄기를 아픈 이에 눌러 무는데, 뽕나무 가지를 써도 됩니다. 다만 뇌아산에는 양의 정강이뼈를 넣으므로 쉽게 지을 수 있는 것이 아닙니다."

중종은 치통으로 고생은 했지만, 그렇다고 치통이 사망 원인은 아니었다. 이후 건강에 큰 문제를 보이지 않다가 1544년에 왕은 다시 병에 걸렸다고 기록한다. 1월 17일에 중종은 치통에 걸렸다가 나았으나 잇몸이 아직 아프고 기침병도 생겨서 경연을 열지 못했다.

11월에는 중종이 심열心熱과 갈증을 호소한다. 아마도 10월 24일과 29일 대변이 막혀 곤욕을 치른 이후라 내의원에서는 청심환, 생지황고生地黃膏, 소시호탕小柴胡湯 등 다양한 처방을 동원한다.

결국 11월 4일 의관들은 아주 특별한 약물을 처방한다. 야인건수野人乾水, 즉 바로 똥물이다. 『동의보감』은 이 처방에 대해서 이렇게 설명한다.

"성질이 차서 심한 열로 미쳐 날뛰는 것을 치료한다. 잘 마른 것을 가루로 만들어 끓는 물에 거품을 내어 먹는다. 남자 똥이 좋다."

야인건수는 곧바로 효험을 발휘한 것 같다. 8일에는 의원 박세거朴世擧가 들어가서 진찰하고 이렇게 말했다.

"갈증도 덜하고, 열은 이미 줄었습니다."

중종도 효험을 인정했다.

"전일 열이 올랐을 때 야인건수를 써서 열을 물리쳤다. 혹시 밤중에 열이 심하면 쓰려고 하니 미리 준비해서 들여오라."

야인건수는 전염병에 걸려 열이 심할 때 먹으면 관 속에 있는 사람도 살아 나온다고 해서 파관탕破棺湯이라고 불리기도 했다. 판소리 명창들이 득음을 하기 위해 수련하다가 목에서 피가 나오고 열이 나면 절간의 똥물을 길어다 끓인 다음 마셨다는 이야기도 같은 맥락이다. 중종은 8회에 걸쳐 야인건수를 복용한다. 그때마다 열이 잡히면서 치료 성과를 올린다. 그리고 죽기 전날까지도 야인건수와 청심환을 복용했다.

그러나 결국 15일 열이 잡히지 않으면서 혼수상태에 빠졌고, 불알이 오그라들었다. 음축증陰縮證이다. 죽음을 앞두고 생명력이 다했던 것이다.

중종은 반정에 의해 왕위에 올랐지만, 자신을 반정에 올린 신하들에 의해 꼭두각시 노릇을 하며 제대로 된 정치도 못했다. 더구나 처자식과 이복형 연산군에 동조한 신하들을 도륙했던 어리석은 중종은 그렇게 무책임하게 세상을 떠나고 말았다.

대변을 보지 못하다

중종이 앓았다는 종기는 협옹脇癰이다. 옆구리 부위에 생긴 종기다. 이 부위에 종기가 났던 기록은 그리 흔하지 않다. 중종은 비교적 독특한 부위에 종기가 생긴 셈이다. 옆구리는 경락經絡상으로 중요한 의미가 있는 부위다. 12경락의 흐름에서 보자면 이곳은 담경膽經이 흐르는 부위다. 담경은 간경肝經과 더불어 분노와 억압의 감정이 많이 쌓일 때 주로 문제가 생기는 곳이다.

『동의보감』에서도 협옹은 간肝과 심心에서 화가 성해 생긴다고 했다. 아무 죄가 없는 단경왕후 신씨를 쫓아내야 했을 때의 슬픔, 반정 공신들에 대한 분노, 끊임없이 세력 다툼을 벌이는 훈구파에 대한 울분, 사림파에 대한 염증이 쌓이고 쌓여 중종에게 협옹이라는 병이 생긴 것은 아니었을까 조심스럽게 추측해본다.

중종을 사망하게 한 것은 산증과 복통이다. 산증은 생식기가 붓고 아픈 증세를 말한다. 담도나 요로가 담석이나 결석으로 막힐 때도 심한 통증이 발생하는데, 이때 느끼는 통증도 말로 표현하지 못할 만큼 심하다. 이렇게 아픈 통증을 산통이라고 한다. 아이를 낳을 때의 산통産痛이 아닌 아랫배가 아픈 산통疝痛이다.

중종의 산증은 대장이 막혀 생긴 산통이다. 복통은 내장이 주기적으로 수축할 때 느끼는 통증을 말한다. 내장 근육이 발달한 부위에서 많이 느낀다. 위장이 좁아진 경우 이 부위로 음식이 통과하려는 힘이 커져 위장의 상부가 늘어나면서 동시에 수축 활동이 증가한다. 그럴 때마다 통증이 발생하기 때문에 일단 통증

중종은 생명을 위협할 정도의 고질병을 앓은 흔적은 보이지 않지만, 산증과 치통을 앓았다. 서울시 강남구에 있는 중종의 능인 정릉.

이 생기면 점점 심해졌다가 갑자기 멈추는 아픔을 느낀다. 위장이 좁아지거나 막힌 증상으로 통증은 내장통內臟痛이라 하며 복부 중앙에서 느낀다.

위장에서 발생하는 통증은 복부 중앙 윗부분에서 느끼고, 소장에서 발생하면 정중앙에서 느끼며, 대장에서 발생하면 하복부 중앙에서 느끼지만, 이 세 가지가 딱 구분되지는 않는다. 중종은 대변을 오래도록 못 보았다는 기록을 볼 때 대장에 문제가 있었을 것이다. 그렇다면 중종은 어떤 이유 때문에 대변을 보지 못했을까?

대부분 대변을 시원하게 보지 못하는 이유는 항문을 딱딱한 대변이 막고 있기 때문이다. 배변하고 싶은 욕구를 오래 참게 되면 직장에 있던 대변이 결장까지 거꾸로 올라가고, 다시 올라간 대변의 수분이 몸속으로 흡수되어 더 딱딱해진다. 딱딱한 대변은 변비를 유발하기 때문에 배변 욕구가 느껴지면 바로 화장실에 가는 것이 좋지만 배변을 보지 못하는 경우가 있다.

그 이유는 여러 가지가 있겠지만, 중종은 심한 열을 동반한 것으로 보아 어딘가 염증이 생겨 곪고 있었다고 추정된다. 맹장이나 결장, 직장의 염증을 조심스럽게 추정할 수 있다.

대장은 소장과 항문 사이에 있는데, 맹장·결장·직장 등으로 나누고 길이는 1.5미터 정도다. 맹장은 cecum을 번역한 말이며, cecum은 '막히다'라는 의미의 라틴어 caecus에서 유래했다. 고대 서양에서는 항문에서 대장을 따라 올라가면 해부할 때 맹장으로 끝나고 더는 이어지지 않는다는 의미에서 호칭했다.

주다례를 지내다

 인종은 1515년(중종 10) 중종과 장경왕후 윤씨 사이에서 첫째 아들로 태어났다. 1520년(중종 15) 6세의 나이로 세자에 책봉되어 25년간 세자로 머물다가 중종의 뒤를 이어 1544년 왕위에 올랐다.
 인종은 3세에 능히 글의 뜻을 알 정도로 총명했다. 또 인자하고 효성이 지극했다. 게다가 절제된 생활을 하여 동궁東宮에 머물 당시에도 옷을 화려하게 입은 궁녀는 모두 내쫓았다. 거기다 도교에 깊이 매료되어 여자를 멀리하는 금욕주의자이기도 했다.

인종의 병이 『인종실록』에 처음 등장하는 것은 사망하기 한 달 전쯤인 1545년(인종 1) 6월 4일인데, 이날 인종은 최초로 약방藥房 제조들의 문안을 받는다. 이때 인종이 이렇게 말했다.

"내게 더위 증세가 조금 있을 뿐이니, 문안하지 마라."

그리고 첫 문안 이틀 후인 6일 약방 제조들이 다시 문안했을 때, 인종의 답은 한층 환해진다.

"이제는 기후氣候(몸과 마음의 형편)가 덜하니 문안하지 마라. 이렇게 몹시 더운데 와서 문안하니 도리어 미안하다."

이후 10여 일 동안 『인종실록』에는 약방의 문안 기록은 보이지 않고 정상적으로 집무를 본 기사만 나온다. 그러다 17일 문제의 주다례晝茶禮가 나온다. 이것이 바로 인종이 문정왕후 윤씨가 내놓은 다과를 먹고 독살당했다는 야사를 뒷받침해주는 기록이다. 영의정 등 삼공이 인종에게 이렇게 아뢰었다.

"내일 경사전敬思殿의 주다례를 지낸 뒤에 대비전에 문안하시겠다고 전교하셨습니다. 지금 전하의 옥체가 강녕하지 못한 데다 날씨는 매우 덥습니다. 이런 때에 노동하시면 혹시 중병이 생길까 염려되오니 멈추소서."

"내 기후가 이제 매우 좋아졌으니, 무더위를 당했더라고 편안히 앉아서 오래도록 제례祭禮를 그만둘 수 없다."

이렇듯 삼공이 주다례와 대비전 문안을 그칠 것을 아뢰는 판국에도 문정왕후는 이에 관해 아무런 말도 없었다. 인종은 주다례를 지내고 문정왕후에게 문안했다. 이날 문정왕후는 어가御駕를

인종은 3세에 능히 글의 뜻을 알 정도로 총명했고, 인자하고 효성이 지극했다. 경기도 고양시 서삼릉에 있는 인종과 인성왕후 박씨의 능인 효릉.

따르는 시종과 제장諸將에게 술을 먹이고, 시종에게 후추를 넣은 흰 주머니를 내리는 등 일행을 환대했다. 그동안 인종은 대비전에서 문정왕후와 다과를 나누었다.

그로부터 사흘 후 인종은 갑자기 약방에 명해 약을 지어 들이게 했다. 인종의 병은 이질, 즉 심한 설사였다. 주다례 직후부터 설사가 나더니 20일부터 증세가 심해져 약방의 입진入診을 받은 것이다.

"이질의 증세가 잇달아 일어나서 음식을 먹지 못하니, 권제權制(임시방편으로 만든 제도. 여기서는 국상 절차를 축소하는 것)를 따르는 것이 무슨 보탬이 있겠는가? 의원은 별다른 증세가 없다 한다."

25일 박한종朴漢宗은 인종이 "설사를 많이 하기 때문에, 기운이 매우 지쳐 있고 구역 증세도 있어서 그저께부터 수라를 통 들지 못한다"라고 말했다. 그리고 다음 날부터 인종의 증세가 위급해졌다. 눈동자가 술 취한 사람처럼 흐릿해지고 손바닥이 매우 더워졌다. 그러다가 기운이 가라앉아 잠이 들었는데, 이번에는 헛소리하는 증세가 나타났다.

인종의 병이 위급해지자 의원들은 별각別閣의 고요한 곳으로 옮겨 치료해야 한다고 주장했다. 이에 따라 인종은 경복궁 안쪽 한복판에 있는 아미산峨嵋山 동쪽의 청연루淸讌樓로 옮겨졌는데, 이 조치가 조금 효험이 있었는지 스스로 일어날 정도로 기운을 회복했으며 열도 잠시 내려 미음을 들기도 했다.

문정왕후가 궁궐 밖에 나가다

그런데 바로 다음 날 문정왕후가 소동을 일으킨다. 갑자기 궁궐을 나가 의혜공주의 집에 머물러 쉬면서 청연루로 가서 인종의 병세를 살펴보겠다고 나선 것이다. "미안해서 못 견디겠다"는 명분이었다. 인종의 증세에 온통 신경을 곤두세우고 있던 가주서假注書 안명세安名世, 검열檢閱 윤결尹潔 등은 한결같이 문정왕후의 이 의외의 거동을 만류하고 나섰다.

"상의 옥체가 위급하시더라도 대비께서 친히 문안하시는 것이 무슨 도움이 되겠습니까? 다만 경동驚動만 더할 뿐입니다. 인심이 의구疑懼하고 경동하여 위아래가 황급하면 변고가 일어나는 것도 염려하지 않을 수 없습니다."

문정왕후가 벌인 소동은 의혜공주의 집이 궁궐 밖 여염에 있다는 점에서 매우 심각하다. 평소에도 문정왕후는 궁궐 밖에 나갈 수 없었다. 한 번 왕비가 되면 죽을 때까지 궁궐 밖 구경을 할 수 없었는데, 심지어 과부인 문정왕후가 궁궐 밖에 나간다는 것은 있을 수 없는 일이었다. 그것도 인종이 와병 중인 상황에서는 상상도 할 수 없는 일이었다.

문정왕후가 이런 소동을 벌인 이유는 분명했다. 모든 백성에게 인종이 와병 중임을 알리려는 것이었다. 사실 궁궐 밖의 백성은 구중궁궐에서 일어나는 일들을 잘 알 수 없었다. 인종은 세자 시절부터 인자하다고 소문이 자자했으므로 그가 즉위한 지 1년도 채 안 돼 사망할 경우 그 죽음을 둘러싸고 의혹이 일 것은 분명했다.

　문정왕후가 이런 소동을 벌이는 동안 인종의 병석을 지킨 사람은 인종의 외숙인 대윤大尹 영수 윤임尹任이었다. 윤임은 병석에 있는 인종을 둘러싸고 어떤 일이 벌어질지 예측할 수 없어 그 곁을 떠나지 않고 있었다. 윤임은 주다례 후 대비전을 문안했을 때의 일을 의심하고 있었다. 그러나 이제 와서 증거도 없는 그 일을 문제 삼을 수는 없었다.

　인종이 사망하기 이틀 전인 28일 어의 박세거는 드디어 소생할 가능성이 희박하다고 말한다.

　"애통하여 수척한 것이 극도에 이르렀기 때문에 장부臟腑(오장육부)가 매우 손상되어 병이 뿌리가 있는 듯합니다."

　이런 의혹에도 아랑곳하지 않고 문정왕후는 또다시 거동 소동을 일으킨다. 인종이 사망하기 하루 전이었다. 거동 장소는 여전히 의혜공주의 집이었다. 문정왕후의 방문은 병구완에 정신이 없는 대신들을 당혹스럽게 만들었다. 영의정 윤인경尹仁鏡이 만류하며 타협안을 제시했다.

　"공주의 집은 여염에 있으므로 결코 옮겨서는 안 되니, 마지못하면 승정원으로 옮기시는 것이 어떻겠습니까?"

　승정원은 경복궁에 있어 인종이 있는 청연루와 가까웠다. 그러나 승정원이 비록 궁궐 내에 있다고 해서 문제가 없을 수는 없었다. 문정왕후가 승정원을 차지하고 있으면 승정원이 집무를 볼 수 없음은 말할 것도 없었다. 간단하게 말해 문정왕후가 인종을 도와주는 일은 그냥 대비전에 가만히 있는 것이었다.

홍문관에서는 문정왕후가 승정원으로 옮기는 것을 반대했고, 문정왕후도 승정원은 "불편하다"라며 의혜공주의 집으로 거동하겠다고 계속 고집하다가 대신들과 대간臺諫(대관과 간관)들이 거듭 만류하자, 겨우 소동을 멈추었다.

문정왕후는 이런 식으로 인종의 병 치료에 바쁜 대소신료들을 끊임없이 흔들었다. 이런 소동 속에서 29일 인종은 박세거가 올린 소시호탕을 들기를 거부하고 나선다.

"내 병이 어찌 이 약을 마시고 낫겠는가?"

인종은 생에 대한 미련을 포기한 듯 윤임 등 신하들을 돌아보며 말했다.

"조광조 복직과 현량과賢良科 복설復設은 내가 늘 마음속으로 잊지 않았으나 미처 용기 있게 결단하지 못했으니, 참으로 평생의 큰 한이다.……조광조 등의 벼슬을 일체 전일처럼 회복할 수 있으면 다행이겠다. 현량과도 전에 아뢴 대로 그 과를 회복해 인재를 등용하도록 하라."

그러고 나서 전위傳位 교서를 내렸다.

"경원대군 이환李峘에게 전위한다. 경들은 더욱 힘쓰고 도와서 내 뜻에 부응하라."

인종은 청연루 아래 소침小寢에서 세상을 떠나고 말았다. 왕위에 오른 지 불과 8개월 만이었다. 야사는 문정왕후가 인종에게 떡을 주어 독살했다고 전한다. 그러나 『인종실록』에는 그러한 기록은 찾아볼 수 없다. 물론 문정왕후의 아들인 명종 때 『인종실록』이 작성되었을 테니 있을 리가 없다. 『인종실록』은 인종이 아버지 중종에 대한 슬픔이 지나쳐 몸을 망쳤고, 그렇게 얻은 심열과 이질로 죽었다고 기록하고 있을 뿐이다.

원인을 알 수 없는 불명열

인종의 질병에 대한 기록 중 직접적인 사망 원인과 관련해 1545년 윤1월 9일의 기록이 있다. 의원이 들어가 진찰하니, "심폐心肺와 비위의 맥이 미약하고 입술이 마르고 낯빛이 수척하며 때때로 가는 기침을 했다"라고 되어 있다. 그리고 다음 날인 10일에는 신하들이 인종의 병은 "거룩한 자질을 타고 나셔서 지극한 성정性情과 순수한 효성으로 지극한 슬픔이 예제禮制에 지나쳤으므로 이것은 슬픔이 지나친 탓입니다"라고 했다.

이에 신하들이 아뢰기를, "상의 옥체가 매우 피곤하고 비위가 약하다"라며 세종처럼 고기반찬을 먹을 것을 종용한다. 그러나 인종은 1월 27일, "나도 아들인데 이러한 일을 하지 못한다면 어디에다 나의 마음을 나타낼 수 있겠는가?"라고 오히려 반문한다.

인종의 이러한 증세에 대해 한의사들은 이것은 일종의 거식증이라고 진단한다. 인종의 거식증은 결국 오장육부를 망가뜨렸는지 이질과 심열로 발전한다.

그렇다면 인종에게서 나타난 발열은 무엇 때문일까? 사실 발열에 대해 원인을 찾는다는 것은 생각보다 쉽지 않다. 며칠 혹은 몇 주간 계속되는 발열은 명확하게 설명하기 힘든 일인데, 의사

인종에게서 난 발열은 불명열, 즉 원인을 알 수 없는 열이다. 인종의 어보. (국립고궁박물관 소장)

들은 이것을 불명열不明熱이라고 한다. 즉, 원인을 알 수 없는 열이다. 대부분 불명열은 숨겨진 감염으로 생긴다. 여기에는 약물과 관련된 것도 있다.

인종은 몸에 열이 많이 나다가 조금 괜찮아졌다는 기록이 나오는데, 이 경우 농양일 수도 있다. 농양은 24시간마다 적어도 한 번씩은 정상으로 되돌아오기 때문이다. 이것은 농이 주머니 속에 모여 있는 것을 의미한다. 부비동副鼻洞, 잇몸, 간, 치아의 뒷부분, 신장, 폐, 복부, 횡격막 아래 등 사실상 인체의 모든 곳에 숨을 수 있다. 그러나 암 역시 그러한 간헐적인 열이 생길 수 있다. 인종은 열과 기침을 동반한 기록이 보이는데, 폐나 횡격막에 이상이 있었을 수도 있다.

인종은 먹을 것을 거부한 기록이 보이는데, 인종처럼 젊은 사람이 갑자기 미각과 후각을 상실했다면 그 원인으로 최근에 앓았던 심한 감기나 바이러스성 감염을 의심할 수 있다. 예외적으로 미각 상실이나 미각과 후각을 동시에 잃게 되는 원인으로 뇌종양이 있다. 이 두 기능이 갑작스럽고 지속적으로 나빠진다는 것을 알았다면, 무조건 뇌종양을 의심해볼 수 있다.

사망 하루 전인 6월 29일은 가장 긴박한 하루였다. 나인들이 말하기를, "상께서 한참 잠드신 뒤에 갑자기 열에 괴로워하시는데 이따금 헛소리를 할 뿐 아니라 기운이 많이 지친 상태였습니다"라고 한다.

이러한 증상은 뇌에 문제가 있는 경우가 대부분이다. 뇌졸중의 전조前兆 증상으로 갑자기 한쪽 팔다리에 힘이 없거나 저리고 감각이 없거나, 말을 못하거나 무슨 말인지 알아듣지 못한다. 게다가 심한 두통이 있으면서 토하는 증상이 있는데, 이러한 증상은 인종의 증상에서도 나타났다. 특히 뇌졸중이나 뇌종양도 심한 고열을 발생하기도 한다.

인종에게 간질이라는 증상이 있었을 가능성이 있다. 발작 증세는 눈동자가 돌아가거나 침을 흘리거나 말이 어눌하고 신체 일부가 약해지면서 발작이 뒤따르면 간질일 가능성이 높다. 결국 인종은 그 재능을 발휘해 보지도 못하고, 31세의 젊은 나이로 세상을 떠났다.

학질과 감기를 앓다

명종은 1534년(중종 29) 중종과 문정왕후 윤씨 사이에서 태어났으며, 이름은 환峘이다. 명종은 어머니 문정왕후가 딸 4명을 낳은 후 34세의 나이에 어렵게 얻은 아들이었다. 당시 나이로 34세는 지금으로 말하면 40세 후반이 넘는 나이인데, 그런 까닭에 문정왕후는 명종에 대한 애착이 남달랐다.

중종의 둘째 아들이자 인종의 이복동생으로 12세의 어린 나이에 즉위한 명종은 문정왕후의 수렴청정을 받았다. 문정왕후의 남동생인 윤원형尹元衡이 을사사화(1545년)를 일으켰으나, 문정왕후가 죽은 후 명종은 선정을 펼치려고 노력했다. 그러나 어머니와 외삼촌의 위세에 눌려 단 한 번도 왕권을 제대로 행사해보지 못한 불안한 군주였다. 하지만 연산군 때부터 일어난 4번의 사화를 거치면서 사림파는 훈구파를 누르고 살아남았지만, 그동안 백성들의 삶은 무참히 무너졌고 국방력도 약해졌다.

명종은 정비 1명과 후궁 6명을 두었지만, 자녀는 인순왕후 심씨에게서 얻은 순회세자가 유일했다. 순회세자는 명종이 18세 때인 1551년(명종 6)에 얻은 귀한 아들이었지만, 12년 뒤인 1563년(명종 18)에 세상을 떠나고 만다. 이 일로 명종은 엄청난 절망감과 슬픔에 사로잡히는데, 이 때문에 명종의 병이 더욱 악화되었다. 1564년(명종 19) 윤2월 24일 명종은 세자를 잃은 자신의 심경을 이렇게 피력한다.

"나의 심기가 매우 편안하지 않으면 비위가 화和하지 않고 가슴이 답답하며 갑갑하다. 한기와 열이 쉽게 일어나면 원기가 허약해 간간이 어지럼증과 곤히 조는 증세가 있고, 밤의 잠자리가 편안하기도 하고 편안치 못하기도 하다.……나이가 30세가 넘었는데도 아직도 국가에 경사가 없다. 지난해에 세자를 잃은 뒤 국가의 형편이 고단하고 약해진 듯하니 심기가 어찌 화평하겠는가?"

명종은 문정왕후가 죽자, 인종처럼 지극 정성으로 장례를 치렀다. 그런데 이것이 화근이 되어 건강이 악화되었고, 급기야 3년 상을 마치자마자 34세의 나이에 죽음에 이르렀으니 문정왕후는 자식을 두 번 죽인 꼴이 되어버렸다.

명종은 즉위 직전 학질을 앓았고, 감기로 고생을 했다. 서울시 노원구에 있는 명종과 인순왕후 심씨의 능인 강릉.

명종은 평소 의식주 습관도 문제가 있었다. 너무 더운 곳에 거처하고 너무 두꺼운 옷을 입었으며 찬 음식을 즐겼기 때문에 소화 기능이 더욱 떨어질 수밖에 없었다. 보통 사람도 여름에 찬 음식을 먹고 배탈이 나는 경우가 많은데, 오랫동안 심열을 앓은 명종의 소화 기능은 약해질 대로 약해져 있었다.

명종은 즉위 직전 전염병이라고 하는 학질을 앓았다. 의학적으로 볼 때 면역력이 약했던 것이다. 보통 사람은 면역력이 약해지면 감기에 잘 걸린다. 명종의 단골 질병 중 하나가 감기이기도 했다. 1553년(명종 8) 9월 17일 환절기에 바람을 쐬어 머리가 아프고 기운이 나른하다고 말한 것을 시작으로 명종은 계속 감기로 고생했다.

1557년(명종 12) 10월 27일에는 날씨가 따뜻하지 않아 명종의 감기가 낫지 않는다면서 궁궐 처마 밑에 털로 장막을 쳐서 명종을 추위에서 보호해야 한다는 제안이 나올 정도였다. 1558년(명종 13) 11월, 1559년(명종 14) 1월에도 명종은 기침과 어지럼증 같은 감기 증세 때문에 진료를 받았다.

명종의 몸이 아픈 것은 『명종실록』 곳곳에서 확인할 수 있다. 1545년(명종 즉위년) 8월 15일 문정왕후는 경연과 곡림哭臨(곡을 하는 상례의 하나)을 중지한다. 극성스러운 엄마의 치맛바람을 보는 것 같다.

"주상께서 큰 역질을 겪으신 지 오래지 않았기 때문에 아직도 기가 허약해 음식을 제대로 드시지 못한다. 학문과 양기養氣가 모두 중요하나 내 생각으로는 기운을 기르는 것이 더욱 중요하다. 경연과 곡림은 안에서 기후氣候를 살펴 할 것이니 승정원은 날마다 아뢰지 말고 위에서 하교가 있기를 기다리는 것이 어떻겠는가?"

후사를 정하지 못하다

후계자 문제에서 명종은 마지막까지 자신의 핏줄을 염두에 두었다. 심지어 지나친 방사房事로 죽었다는 이야기가 나올 정도로 자식을 보기 위해 노력했다. 그러나 정치 지형이 급변하고 명종의 몸 상태가 악화되면서 그 뜻을 이루지 못했다. 1565년(명종 20)에는 강력한 후원자였던 어머니 문정왕후가 사망한다.

문정왕후의 동생으로 당시 권력의 핵심인 윤원형은 바로 영의정 자리에서 쫓겨난다. 윤원형의 첩이면서 안방에서 조정을 흔들었던 정난정鄭蘭貞은 본처를 독살한 혐의로 고소당한다. 왕후의 작은아버지였던 심통원沈通源마저 쫓겨나면서 명종의 친위 세력이 모두 사라진다.

본래부터 심열을 앓고 있었던 명종은 이러한 정치적 환경 변화에 큰 충격을 받으며 거의 죽음 직전까지 간다. 1565년 9월 15일 명종은 열이 심해져 입시한 신하를 알아보지 못할 정도에 이른다.

"내가 요즈음 심열이 극심해 여러 날을 겨우 부지했고 원기가 허약해 기거할 수 없다. 약방 제조가 여러 차례 들어와 살피기를 청했으므로 경들도 함께 들어와 살피게 한 것이다. 그러나 예에 어긋날까 염려된다."

그러나 대신들은 명종의 건강에는 관심이 없고 명종에게 후계자 문제를 빨리 결정하라고 압박한다. 그러나 명종은 강하게 내치지는 못하고 이렇게 대답한다.

"내전內殿(중궁전)에서 생각해 처리할 것이다."

물론 본심은 종친이라고 해도 자신의 아들이 아닌 다른 이의 아들을 후사로 정할 뜻이 없었을 것이다. 그것은 당시 대신들뿐만 아니라 사관들도 알고 있는 사실이었다. 이 논쟁을 기록한 사관은 기사 말미에 다음과 같은 글을 남겨 놓았다.

"당시에 상이 하답下答하기가 어려워서 이같이 하교했으나 실은 후사를 정하겠다는 뜻이 없었다."

명종이 갑자기 위독해지자 인순왕후 심씨와 몇몇 대신이 임종을 지켜보기 위해 모였다. 명종은 아직 숨이 붙어 있었지만, 말은 제대로 할 수 없었다. 명종의 분명한 하교가 없는 가운데 영의정 이준경李浚慶이 후계자를 누구로 정할지 왕비를 압박했고, 인순왕후 심씨는 마지못해 하성군(선조)을 지목했다. 이것이 바로 '을축년의 하서下書' 사건이다. 명종은 이 사건이 있은 후 세상을 떠났지만 병으로 허약해진 왕의 권력이 후계자도 마음대로 정하지 못할 정도로 약해졌음을 알 수 있다.

명종은 사망 직전인 1567년(명종 22) 6월 24일 자신의 병에 대해 신하들에게 아주 상세하게 이야기한다.

"내가 본래 10여 년 동안 심열이 있었는데 또 더친 듯하다. 매년 여름에서 가을로 바뀌는 때가 되면 의례껏 서열暑熱이 서로 도와 우로 치밀어 몸이 대단히 편치 않다. 세자의 상을 당하던 계해년부터 5년 동안 시름시름 앓았고 모후母后의 상을 당했던 을축년에는 큰 병을 앓다가 겨우 회복되었는데, 지금 역시 일에 임하면 곧 잊어버리고 총명이 감한 듯하며, 내 기운이 전보다 아주 다르게 허약해졌다.……이제 이미 10년이 지나서 몸에 병이 많고 심신이 어두워지고 기력도 전과 다르며 다리 힘도 지난날 같지 않다."

허혈성 심장질환을 앓다

명종을 괴롭힌 심열은 아마도 한의학에서 이야기하는 상열하한上熱下寒의 증상일 것이다. 상열하한은 얼굴 쪽은 화끈화끈 열이 오르고 배와 팔다리는 차가운 증상을 가리킨다. 한의학에서는 이것이 음양오행에서 불에 해당하는 심장과 물에 해당하는 신장 사이의 균형이 깨져서 생기는 병이라고 해석한다.

원래 정상적인 사람은 심장에서 나온 양기가 아래로 내려와 신장의 음기를 데우고, 그 음기가 위로 올라와 심장의 양기가 지나치게 과열되지 않도록 억제해서 조화와 균형이 유지된다. 이것을 한의학에서는 수화상제水火相齊라고 한다. 신장의 음기는 위로 잘 올라가고 반대로 심장의 양기는 아래로 잘 내려가는 상태가 가장 건강한 상태라고 보는 것이다. 하지만 몸의 균형이 깨져 아래로 내려와야 할 심장의 양기가 위로만 올라가고 반대로 신장의 음기가 아래로만 내려가면 병이 된다. 이것을 심신불교心腎不交라고 하고, 상열하한의 원인이 된다.

상열하한을 치료하는 처방의 요체가 바로 수승화강水昇火降이다. 마음을 다스려 심장의 양기를 아래로 내리고 신장에 저장된 차가운 물을 데워 상승하게 하는 것이다. 명종은 스트레스로 심열이 심해져 불이 위로 향하고 신수는 고갈되어 상승할 수 없었다.

『동의보감』은 이런 증상을 간열肝熱과 비허脾虛로 파악한다. 간열의 증상은 이렇다.

"몹시 성내어 간을 상하면 열기가 가슴속에 밀려오고 숨이 거칠고 짧아지면서 끊어질 듯하며 숨을 잘 쉬지 못한다."

비허의 증상은 이렇다.

"지나치게 생각해 신장를 상하면 기가 맞어서 돌아가지 못하므로 중완中脘에 적취가 생겨서 음식을 먹지 못하고 배가 불러 오르고 그득하며 팔다리가 나른해진다."

이러한 증상으로 보았을 때 명종의 심열은 상열하한의 증상과 간열과 비허가 복합된 심장질환이었을 가능성이 크다. 다시 말해 명종은 허혈성 심장질환일 확률이 높다. 허혈성 심장질환은 기온과 밀접하게 관련이 있어 기온이 떨어지고 실내와 실외의 온도 차가 심한 겨울에 특히 많이 발생한다.

겨울철에 허혈성 심장질환이 많이 발생하는 이유로는 여러 가지 원인이 거론되고 있는데, 추위에 따른 생리적 스트레스로 인한 교감 신경계의 흥분과 갑작스러운 기온 강하降下로 전신 혈관의 수축이 일어나 심장의 부담이 증가하게 된다. 그 외에 겨울철

명종이 앓았던 허혈성 심장질환은 오래전부터 발병해 진행된 것으로 보인다. 명종의 어보는 명종이 사망하고 2년 뒤인 1569년 묘호를 올리면서 제작한 금보다. (국립고궁박물관 소장)

의 신체적 활동 저하도 관련이 있다. 따라서 이미 허혈성 심장질환을 갖고 있거나, 또는 발생 위험 인자가 있는 사람들은 추운 겨울철에 건강관리에 유의해야 한다.

　명종이 앓은 허혈성 심장질환은 명종의 말처럼 하루아침에 생긴 것이 아니라 오래전부터 발병해 진행하다가 갑작스럽게 사망에 이르게 한 것으로 보인다.

학문에 밝고 합리적인 왕

선조는 1552년(명종 7) 덕흥대원군과 하동부대부인 정씨 사이에서 셋째 아들로 태어났으며, 이름은 균鈞이다. 선조가 태어났을 때, 큰형 하원군 이정李鋥은 8세였고, 둘째 형 하릉군 이인李鱗은 7세였다. 그리고 누나 이명순李明順은 5세였다. 선조는 두 형과 누나 사이에서 비교적 다복하게 자랐다.

하지만 선조가 8세 되던 1559년(명종 14)에 아버지 덕흥대원군이 병으로 죽는 바람에 아버지 없이 소년 시절을 보냈다. 그리고 불행하게도 어머니 정씨마저도 1567년(명종 22)에 생을 마감했다. 선조가 부모를 모두 잃고 슬픔에 빠져 있던 상황에 그해 명종도 세상을 떠났다.

선조는 판단력이 흐리며 비겁한 왕으로 평가받았는데, 이는 아마도 임진왜란 때 도성을 버리고 도주한 일 때문일 것이다. 하지만 사정이야 어쨌든 아버지가 자식을 버리는 것은 천륜에 반하는 것으로 선조는 죽어서도 욕을 먹고 있다. 실제 선조는 학문에 밝고 명민하며, 매우 합리적인 인물이었다. 이런 선조의 면모에 대해 『지봉유설』은 이렇게 쓰고 있다.

"왕의 지혜가 뛰어나 무릇 나랏일에 대해 계획하는 것이 모두 왕의 결정에서 나왔으므로 비변사의 모든 사람은 왕의 물음이 있을 때마다 상교윤당上敎允當(상의 가르침이 진실로 합당합니다)이라고 대답했고, 승정원에서도 미처 봉행奉行하지 못해 간간이 황공해서 대죄했으므로 황공대죄 승정원, 상교윤당 비변사라는 농담까지 생겼다."

이 말은 선조가 정사를 처리하면서 판단력이 좋고 합리적인 결정을 내렸다는 뜻이다. 선조의 업무 처리 능력에 대해 『선조실록』에 사관은 이렇게 평하기도 했다.

"왕은 문으로는 족히 지극한 정치를 이룩할 수 있고, 무로는 족히 전란을 평정할 수 있으며, 밝기는 충과 거짓됨을 변별할 만하고, 지혜로는 사무를 처리할 만하니, 참으로 소위 한 세대마다 날 수 없는 성인이요, 크게 일할 수 있는 왕이었다."

선조는 매우 검소한 성품을 지녔는데, 『선조실록』은 이렇게 기

선조는 실력을 중시해 다양한 인재를 곁에 두었다. 그 덕분에 선조대는 인재가 가장 많았던 시기다. 경기도 구리시 동구릉에 있는 선조와 의인왕후 박씨와 인목왕후 김씨의 능인 목릉.

록하고 있다.

"왕은 성품이 검소하고 화려한 것을 좋아하지 않으며, 사냥하는 등의 오락을 마음에 두지 아니하고, 음식에 육미六味를 여러 가지로 하지 않으며, 의복은 새것만 입지 않고 빨아서 입으니 비빈들도 사치한 의복을 감히 입지 못했다. 난리를 겪은 뒤에는 더욱 검소한 것을 바탕으로 살았으니 궁중에 밥알 하나라도 땅에 떨어뜨리지 못하게 하며 이렇게 말했다. '이것이 모두 농부들이 고생해서 얻은 물건인데, 편히 앉아서 먹는 것도 사치스럽거늘 하물며 함부로 없앨 수 있느냐?'"

선조는 질투가 심하고 옹졸한 왕으로 알려져 있다. 이는 이순신을 백의종군하게 한 일 때문일 것이다. 하지만 선조는 인재를 등용하면서 출신보다는 실력을 중시하고, 다양한 인재를 곁에 두기를 좋아했다. 그 덕분에 선조대는 조선 역사상 인재가 가장 많았던 시기였다. 이이, 정철, 류성룡, 이덕형, 이순신, 이원익 등 조선을 대표하는 인재들이 모두 선조대 인물이었는데, 이는 결코 우연이 아니었다.

위장병과 이명을 앓다

선조의 질병에 대한 『선조실록』의 기록은 1573년(선조 6) 1월 3일에 처음 나온다. 신하들 사이에서 선조의 목소리가 끊어져 책 읽는 소리가 이상하다는 이야기가 조심스럽게 오가기 시작했다.

승정원에서 이렇게 아뢴다.

"옥음玉音(왕의 목소리)이 정상적이 아닌 지 이미 몇 해가 지났음에도 오래 끌고 낫지 않으나 궁궐에 들어온 신하로서는 누구나 물러가서 근심합니다."

그러나 더 큰 문제는 소화불량이었다. 1574년(선조 7) 1월 7일 선조는 자주 체한다는 말과 함께 "비위가 상했는지 음식 생각이 나지 않는다"라고 호소한다. 잠도 자지 못한다는 이야기도 덧붙였다. 사실 스트레스와 소화불량은 아주 밀접한 관계가 있다. 스트레스를 받으면 혈관이 수축하게 되고, 위의 소화 운동을 담당하는 위장 근육에 혈액을 공급하는 혈관도 위축된다.

위장의 운동 능력이 떨어지면서 잘 체하게 되고 속이 더부룩해지는 것은 누구나 아는 상식에 속한다. "비위를 맞춘다"라는 말이나 "사촌이 땅을 사면 배가 아프다"라는 말이나 "속 좁다" 같은 말은 마음과 위장의 관계에 대해 옛사람들도 잘 알고 있었음을 보여준다.

스트레스가 갉아먹은 내면의 상처가 얼마나 깊었는지 선조의 위장 장애는 이듬해에도 계속된다. 1575년(선조 8) 1월 25일에 좌의정 박순朴淳이 선조의 비위에 이상이 생겨 지극히 민망하다고 이야기한다. 5월 2일, 보다 못한 유희춘柳希春이 왕의 병을 음식으로 치료하고자 식료 단자單字를 지어 올린다. 그리고 1601년(선조 34) 9월 30일 선조는 이렇게 솔직히 토로한다.

"내 병이 다시 도져 고질痼疾이 되었는데 그중에서도 마음의 화가 가장 불길같이 성하게 일어나 날이 가고 달이 갈수록 심해지기만 한다."

화병을 안고 살았던 선조의 가장 솔직한 고백이라고 할 수 있다. 이때 왼쪽 다리가 열이 나고 아파 신발을 신기조차 힘들었다는 이야기도 덧붙인다.

선조의 위장병은 말년에 극에 달하는데, 1608년(선조 41) 1월 7일 선조는 도통 입맛이 없는데 무를 곁들여 겨우 수저를 든다며 "만일 약 중에 무를 꺼리는 재료가 들어간다면 장차 음식을 폐할 것 같으니 고민스럽다"라며 한숨을 내쉴 정도다.

하지만 선조를 괴롭힌 가장 무서운 질병은 귀울음, 즉 이명耳鳴이었다. 이명 증상은 1595년(선조 28) 8월부터 시작되어 사망할 때까지 이어졌다.

선조는 이명 치료를 위해 약물을 먹으라는 신하들의 청을 거절하고, 조선 최고의 침의鍼醫인 허임許任을 찾는다. 1606년(선조 39) 4월 25일 이렇게 엄포를 놓는다.

"귓속이 크게 울리니 침을 맞을 때 한꺼번에 맞고 싶다. 혈을 의논하는 일은 침의가 전담해서 하도록 하라.……침의가 간섭을 받으면 그 기술을 모두 발휘하지 못해 효과를 보기가 어려우니 약방은 알아서 하라."

1607년(선조 40) 10월 9일 새벽 선조는 잠자리에서 일어나 방 밖으로 나가다가 넘어져서 의식을 잃는다. 그러자 의원들은 청심원, 소합원蘇合元, 강즙薑汁, 죽력竹瀝, 계자황鷄子黃, 구미청심원九味淸心元, 조협皂莢 가루, 묵은 쌀죽 등의 약을 번갈아 올렸다. 심혈관 질환인 중풍을 치료하려는 처방이었다. 그런데 이 중 청

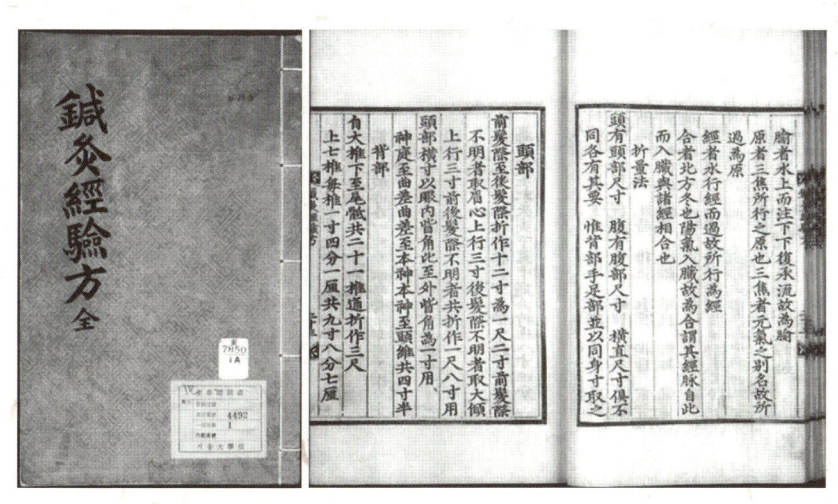

선조는 이명 때문에 평생 고통스러워했다. 그래서 약물을 먹으라는 신하들의 청을 거절하고, 허임에게 자신의 치료를 전담시켰다. 허임이 지은 『침구경험방』.

심원, 구미청심원, 죽력 등은 모두 성질이 찬 약제들이다. 의식을 되찾은 선조는 이튿날 노골적으로 불만을 토로한다.

"의관들은 풍증이라고 말하나 내 생각에는 필시 명치 사이에 담열痰熱이 있을 것 같다. 망령되이 너무 찬 약제를 쓰다가 한 번 쓰러지면 다시 떨치고 일어날 수 없을 것이다. 미음도 마실 수 없으니, 몹시 우려된다. 이처럼 하지 마라."

이런 말을 했는데도 내의원에서는 계속 찬 약제를 처방한 모양이다. 10월 26일 선조는 지속적으로 복용하고 있던 영신환寧神丸이라는 약물에 대해서 거부한다.

"새로 지어 들인 영신환을 복용한 지 벌써 여러 날이 지났다. 그러나 그 약 속에는 용뇌龍腦 1전이 들어 있다. 용뇌는 기운을 분산시키는 것이니 어찌 장복할 수 있는 약이겠는가? 더구나 지금처럼 추운 시기에 먹어야 하겠는가? 요즈음 먹어보니 서늘한 느낌이 들어 좋지 않다. 의관들이 필시 오용했을 것이다."

12월 3일에는 허준의 이름을 직접 거명하며 진료에 노골적으로 불만을 터뜨린다.

"사당원砂糖元을 들이자마자 또 사미다四味茶를 청하니 내일은 또 무슨 약과 무슨 차를 올리려고 하려는가? 허준은 실로 의술에 밝은 훌륭한 어의인데 약을 쓰는 것이 경솔해 신중하지 못하다."

그러나 허준은 심혈관 질환인 중풍에 주목했고, 선조는 소화력이 약해진 것에 관심을 가졌다. 결국 선조는 중풍과 소화불량을 완치하지 못한 채 3개월 뒤인 1608년 2월 떡을 먹다 체해 57세를 일기로 세상을 떠났다.

인목왕후가 선조의 임종을 지킨 이유

선조는 즉위 초부터 극심한 스트레스를 받았다. 스트레스를 오랫동안 받으면 외향적인 사람은 교감 신경이 흥분되고, 내향적인 사람은 부교감 신경이 흥분된다. 선조는 내향적인 사람이었다. 부교감 신경이 항진亢進되면 미주 신경 긴장증緊張症이 오는데, 발성 장애를 야기해 목이 쉬거나 위장 장애가 생긴다. 목소리 이상을 호소하기 시작하면서부터 선조가 위장 장애로 위장약을 복용하거나 소화불량 증상을 지속적으로 호소했다.

선조의 결정적인 사망 원인은 『선조실록』에는 나와 있지 않다. 그런데 이상한 것은 숨을 거둔 2월 1일 "지난밤에는 편히 잠을 잤다"라고 말해 병세가 호전되는 줄 알았으나 오후부터 갑자기 악화되어 그날을 넘기지 못했다. 그런데 중요한 것은 임종을 지킨 유일한 인물이 인목왕후 김씨라는 점이다. 그녀는 영의정 유영경柳永慶 등이 "전례典例에 따르면 부인은 임종을 볼 수 없습니다"라고 말하는데도 선조 곁을 떠나지 않았다.

왜 그녀는 법도를 어겨가면서 선조 옆에서 임종을 지켜보고 있었을까? 이유는 두 가지로 생각할 수 있는데 하나는 남편을 너무 사랑해서 일 것이고, 또 하나는 광해군에 의한 독살이 있지나 않을까 해서일 것이다.

『남계집南溪集』에는 "왕의 몸이 이상하게 검푸르니 바깥 소문이 헛말이 아니다"라는 기록이 있으나 이 역시 광해군이 폐출된 뒤의 기록이다. 선조가 광해군에 대한 감정이 악화된 상태에서

인목왕후 김씨가 선조의 임종을 지켜본 것은 광해군에 의한 독살 때문이었다. 선조가 죽은 후 독살설이 끊이지 않았다. 선조의 초상.

죽었기 때문에 독살 의혹이 있었던 것은 사실이지만, 어떤 유력한 물증이 있었던 것은 아니다.

반대로 광해군 측에서 편찬한 『선조실록』에 선조 독살설에 대한 언급이 없는 것은 당연하지만, 인조반정(1623년) 후 서인들이 편찬한 『광해군일기』에도 선조 독살설이 언급되지 않은 점은 이상하다. 다만 『광해군일기』에는 선조 독살설에 대해 서인 측이 유일한 근거로 삼은 찹쌀밥에 관한 기록이 나온다.

선조가 사망한 당일 "미시(오후 1~3시)에 찹쌀밥을 올렸는데, 상이 갑자기 기가 막히는 병이 발생해 위급한 상태가 되었다"라는 내용이다. 바로 이 찹쌀밥을 세자(광해군)가 들였다는 것이 서인들의 주장이다. 이긍익은 『연려실기술』에서 광해군을 쫓아낸 인조가 찹쌀밥에 대해 말하는 바를 적고 있다.

"당시 선조께서 위독하실 때 내가 처음부터 끝까지 모시고 있었기 때문에 이 일을 상세히 알고 있다. 선왕께서 병든 후에 맛있는 음식이 생각날 즈음 동궁의 약밥이 마침 왔기에 과하게 잡수시고 기가 막혀 이내 돌아갔을 뿐 중간에 어떤 농간이 있었다는 말은 실로 밝히기 어렵다."

광해군의 선조 독살설을 입증하는 인물로 개시介屎라는 궁녀가 등장하기도 한다. 우리말로 개똥이라는 뜻의 이름을 가진 개시가 세자를 교체하려는 선조의 뜻을 알고 광해군과 몰래 접촉해 뒷날을 도모하는 계획을 세웠다는 것이다. 이런 주장을 하는 측에서는 개시가 선조를 독살했는데, 실상 광해군은 이런 사실을 몰랐다고 한다. 그러나 이는 광해군을 쫓아낸 서인 측에서 과장한 가능성이 크다. 선조 독살설은 인조반정 후에 조직적으로 유포되었지만, 구체적인 근거는 거의 없다.

선조의 사망 원인은 돌연사로 의심된다. 선조가 평소 앓았던 소화불량이나 중풍은 직접적인 사망 원인은 아니지만, 간접적인 원인이 되었을 것이다. 보통 심장이 뛰지 않을 때 심장마비라고 하지만, 의학에서는 사용하지 않는 용어다. 돌연사란 자살이나 사고가 아니면서 사망하는 경우인데, 의학적인 정의로는 사망을 전혀 예측하지 못하는 상태에서 어떤 증상이 발생하고 1시간 이내에 사망한 경우를 말한다. 가슴 통증이 시작된 지 30분 내에 사망하는 경우나 갑작스러운 호흡 곤란에 이어 매우 어지러워하다가 정신을 잃고 몇 분 후에 사망하는 경우가 대표적이다.

돌연사, 즉 심장사心臟死가 발생하는 직접적인 원인은 부정맥 특히 심실세동이다. 심실세동이란 심실의 펌프 기능이 상실되고 미세하게 바르르 떨리는 상태다. 심정지를 유발하는 직접적인 원인은 부정맥인데, 이 부정맥을 유발하는 질환의 80퍼센트는 관상동맥 질환이다. 즉, 혈관이 좁아지는 현상을 말하는데 한 번 막히면 돌연사 위험이 더욱 증가해 사망에 이른다. 스트레스와 담배, 술, 단것을 많이 먹는 현대인들에게 많이 찾아오는 병 중에 하나다.

광해군

1575~1641
재위 1608. 2~1623. 3

화증과 심질을 앓다

광해군은 1575년(선조 8) 선조와 공빈 김씨 사이에서 태어난 둘째 아들이다. 공빈 김씨는 선조의 사랑을 받았으나 산욕열産褥熱이 너무 심해 광해군을 낳고 줄곧 앓아누워 있었다. 그리고 2년 뒤인 1577년(선조 10) 몸이 허약해질 대로 허약해져 세상을 떠났다. 공빈 김씨가 죽었을 때 광해군은 겨우 두 돌을 넘긴 상태였다. 선조는 매우 슬퍼하며 한동안 후궁들을 일절 접촉하지 않았다.

그러나 자신보다 33세나 어린 인목왕후 김씨를 총애하고 공빈 김씨에 대한 애착을 접으면서 광해군의 처지는 천애 고아나 다름없게 되었다. 그 후 광해군은 장성해 한성판윤 유자신柳自新의 딸과 혼인했다. 선조의 정비인 의인왕후 박씨가 자식이 없자 친형인 임해군이 세자의 후보에 올랐지만, 사람 됨됨이가 난폭하고 인덕이 없고 인륜을 저버리는 일을 많이 해서 배제되었다. 그래서 광해군이 세자로 책봉되었다.

광해군은 폐모살제廢母殺弟(어머니를 폐하고 동생을 살해함)의 죄를 저지른 패륜의 폭군, 반정으로 신하들에 의해 폐위된 혼군昏君(사리에 어둡고 어리석은 왕), 명나라의 재조지은再造之恩(죄를 지어 형벌에 처해질 사람의 죄를 사면해 구원한 은혜)을 저버리고 오랑캐와 통한 암군暗君이었다는 비판과 임진왜란 후 전후 복구 사업을 성공적으로 이끌고 중립 외교를 통해 성리학 이데올로기에 도전하려고 했던 개혁 군주였다는 평가가 교차한다. 하지만 의학적 견지나 광해군의 질병 기록으로 볼 때 의외로 소심하고 두려움이 많은 왕이었다.

광해군의 질병에 대한 『광해군일기』의 기록을 찾아보면 본래 추위를 잘 타는 체질이었고 특징적인 고질병은 안질이었다. 그 외에 화병, 감기, 치은통齒齦痛, 종기 등으로 시달려왔음을 알 수 있다. 그러나 질병으로 사망할 정도의 심각한 병은 없었으며 폐위된 이후 유배 생활을 하다가 노환으로 자연사한 것으로 추측된다.

그러나 『광해군일기』는 광해군의 건강에 무엇인가 큰 문제가 있음을 즉위년부터 기록하고 있다. 먼저 인목왕후 김씨의 광해군

광해군은 화증과 심질을 앓았는데, 신체 내부에 열이 올라 속이 답답하고 괴로운 증상이다. 경기도 남양주시에 있는 광해군과 폐비 유씨의 묘.

챙기기가 그 실마리다. 1608년(광해군 즉위년) 7월 11일 인목왕후 김씨가 약방에 내린 교서에는 광해군의 건강 상태가 그대로 드러나 있다.

"주상이 지난번부터 침식寢食을 제대로 하지 못한다고 들었지만 미처 상세히 알아보지 못했는데, 어제 문안할 때 친히 뵈인즉 정신이 예전과 달라 혼미한 듯하고 너무 심하게 야위었다. …… 그리고 수라는 하루 동안에 한 번이나 두 번쯤 드시는데, 한두 수저만 드시고 주무시는 것도 1~2경更(2~4시간)에 불과하니 어찌 이처럼 안타깝고 절박한 일이 있겠는가?"

광해군도 여러 번에 걸쳐 자신의 건강에 대해 말한다. 1610년(광해군 2) 4월 23일 영의정 이덕형과 만난 자리에서 "어려서부터 열이 많아 이것이 쌓여 화증火症에 걸렸으니 이는 조석간에 생긴 병이 아니다. 항시 울열증灪熱症을 앓아 이 때문에 자주 경연을 열지 못한 것이다"라고 이야기한다.

화증과 심질心疾은 광해군이 자주 토로하는 질병이다. 광해군이 말한 화증과 심질은 신체 내부에 열이 올라 속이 답답하고 괴로운 증상을 말한다. 한의학에서 보면 울열증이다. 이 울열증은 눈에도 이상을 유발한다. 1618년(광해군 10) 윤4월 22일 광해군은 이렇게 말한다.

"내가 앓고 있는 병이 안질이고 보면 더더욱 보는 것을 멈추고 조용히 조섭調攝해야 마땅할 것이다.……안질 증세가 아침에는 덜하다가 낮에는 심해지니 나 역시 안타깝기 그지없다."

임진왜란과 왕위 계승

광해군의 건강에 치명타를 입힌 사건은 임진왜란이었다. 1592년(선조 25) 4월 13일 부산에 상륙한 왜군이 파죽지세로 북상하자, 선조는 29일 18세의 광해군을 세자로 책봉한다. 그리고 광해군은 6월 14일부터 분조分朝를 이끌고 평안도, 황해도, 함경도, 강원도 지역을 옮겨 다니면서 흩어진 민심을 수습했다. 의병을 모집하고, 전투를 독려하며, 군량과 말먹이를 수집·운반하는 등 활발한 활동을 벌였다. 광해군이 분조를 끌고 다닌 지역은 험준한 산악과 고개가 많아 거동도 힘들었을 뿐 아니라 왜군과 멀지 않은 지역이어서 심리적인 압박감도 만만치 않았다.

선조시대 주부主簿 벼슬을 지낸 유대조兪大造가 올린 상소를 보면, 광해군이 산악 지역에서 어떤 노숙 생활을 보냈는지 자세히 알 수 있다.

"그때 산길이 험준해 100리 길에 사람 하나 없었는데, 나무를 베어 땅에 박고 풀을 얹어 지붕을 하여 노숙했으니 광무제光武帝가 부엌에서 옷을 말린 때에도 이런 곤란은 없었을 것입니다."

그 고생이 얼마나 심했던지 광해군은 그 후유증으로 1593년(선조 26) 봄과 여름 내내 해주에 머물면서 계속 병석에 누워 있어야만 했다. 구중궁궐에서 손 하나 까닥하지 않던 세자에게는 산길을 걷고 나무 밑에서 자는 것 자체가 고역이었을 것이다.

임진왜란이 종결된 후 벌어진 왕위 계승 문제는 엎친 데 덮친 격으로 광해군에게 심리적인 압박감을 더했다. 1608년 선조의

광해군은 임진왜란이 일어나자 노숙을 하며 분조를 이끌었다. 그때의 후유증으로 병석에 눕는 일이 많았다. 1592년 4월 15일 동래성 전투 상황을 그린 조선 후기 화가 변박卞璞의 〈동래부순절도東萊府殉節圖〉(1760년). (육군박물관 소장)

병세가 심해지면서 북인 정권의 영수인 대북파 정인홍鄭仁弘은 광해군에게 왕위를 넘겨주라고 건의하는 한편, 영창대군을 지지하는 소북파의 영의정 유영경을 공격했다. 그러나 선조는 유영경에게 힘을 실어준 후 문안을 드리러 온 광해군을 문전박대한다. 심지어 왕세자 문안 운운하지도 말고 다시 오지도 말라고 한다. 16년간 공들여온 왕세자 자리가 무너질지도 모른다는 상실감에 광해군은 결국 피를 토하며 쓰러지고 만다. 엄청난 스트레스를 받았던 것이다.
　결국 선조의 갑작스러운 죽음으로 광해군은 왕이 되었지만, 건강은 제자리를 찾지 못했다. 그리고 경연조차 제대로 열지 못했다. 사실 오랜 전란과 왕위 계승을 둘러싼 암투는 광해군의 몸과 마음을 쇠약하게 만들었다. 그러나 광해군은 스스로 몸과 마음의 건강을 회복하기 위한 노력을 제대로 하지 않았다. 그 대신 여색에 집착하고 유교 사회에서는 백안시했던 무속에 빠져 허우적댔다.
　1612년(광해군 4) 10월 2일에는 "잇몸의 좌우가 모두 부은 기운이 있는데, 왼쪽이 더욱 심하다. 한 군데만이 아니라 여기저기 곪는 것처럼 아프고 물을 마시면 산초山椒 맛이 난다"라며 치통을 호소한다. 1618년(광해군 10) 6월 17일에는 "내가 평소부터 화증이 많은데 요즈음 상소와 차자箚子(간단한 서식의 상소문)가 번잡하게 올라오는 탓으로 광증狂症이 더욱 심해져 살펴볼 수가 없다"라고 고백한다. 자신의 화증이 이제는 광증에 이르렀다고 말하는 것이다.

1620년(광해군 12) 10월 18일에는 "내 원래 화병이 많은 사람인데, 요즘 나라의 일이 많고 또 황제의 부음이 겹쳐 오는 바람에 슬프고 두려워서 감히 병을 말하지 못하고 겨우겨우 병을 견뎌가며 출입하고 있는 것이다"라고 기록되어 있다. 1623년(인조 1) 3월에는 약방이 이렇게 아뢰었다.

　"지난 연초에 날씨가 고르지 못해 성상의 안후安候가 편찮으신데다 안면의 종기가 날로 심중深重했습니다."

　광해군은 추위를 잘 타고 화병과 안질을 달고 살았지만, 인조반정으로 폐위되자 오히려 67세까지 장수했다. 도라지가 보통 5년밖에 살지 못하지만, 다른 땅에 옮겨 심으면 오히려 위기의식을 느껴서 20년까지 장수하는 것처럼 강화도로 제주도로 위리안치되었어도 치열하게 살아남은 것이다. 아마 복위할 수 있다는 꿈과 복수의 집념이 광해군의 생명을 연장시켜주었을 것이다.

노력하고 힘써서 피로한 병

　광해군은 장수한 왕이었기 때문에 『광해군일기』에 나타난 질병에 대한 기록은 많지 않다. 1592년 6월 14일부터 분조를 이끌며 민심을 수습했던 시기 앓았던 노권勞倦과 1618년 6월 17일과 1623년 1월과 2월에 나타난 화증과 안질, 3월에 안면에 난 종기 정도가 전부다. 『동의보감』은 이런 질병을 노권이라고 규정한다. '노력하고 힘써서 피로한 병'이라는 뜻으로 그 원인을 이렇게 설명한다.

"정신적으로나 육체적으로 피로하면 몸의 원기가 줄어들게 된다. 음식물의 기가 부족해 상초上焦가 막히고 하초下焦가 통하지 못해 속이 더워지면서 가슴속에서 열이 난다. 화가 왕성하면 비장脾臟을 억누른다. 비는 팔다리를 주관하기 때문에 노곤하고 열이 나며 힘없이 동작하고 말을 겨우 한다. 움직이면 숨이 차고 저절로 땀이 나고 가슴이 답답하며 불안하다. 이런 데는 마땅히 마음을 안정하고 조용히 앉아 기운을 돋운 다음 달고 성질이 찬 약으로 화를 내리고 신맛으로 흩어진 기를 거둬들이며 성질이 따뜻한 약으로 중초中焦의 기를 조절해야 한다."

현대의학에서는 보통 몸살 정도로 해석하는데, 이 병은 그렇게 큰 병은 아니다. 광해군이 앓았다는 화병은 아마 그의 질병 중에서 가장 치명적이었을 것이다. 그 원인은 어려서 어머니를 잃은 데 대한 슬픔일 것이다. 어머니의 사랑을 제대로 받아 보지도 못하고 자랐으니 마음속 깊이 생모에 대한 그리움과 슬픔이 자리 잡고 있었을 것이다.

광해군이 젊은 시절 겪었던 전쟁의 참혹함이 안겨준 트라우마가 또 한 가지 원인일 듯싶다. 오랫동안 기다려도 잡히지 않던 세자의 자리를 단박에 안겨준 것은 아이러니하게도 전쟁이었다. 하지만 전쟁 때문에 온 나라가 겪어야 했던 참혹함은 이루 다 말할 수 없었다.

또 한 가지의 질병은 그의 친형과 이복동생의 죽음에 대한 죄책감이었을 것이다. 권력이란 부모나 형제와도 나눌 수 없는 것이라 했다. 광해군이 왕으로 있기 위해서는 어쩔 수 없이 형과 동생의 죽음을 지켜봐야만 했다. 광해군을 지지한 대북파는 임해군과 영창대군을 절대 살려두지 말 것을 강경하게 요구했다. 이 모든 상황이 광해군에게는 스트레스이자 화병으로 직결되었다.

1623년 1월 22일 기록에 "나의 병은 화병인데 어찌 회복할 수 있겠는가?"라는 말에서 스트레스성 화병이 자신의 가슴속에 자리 잡고 있음을 고백하고 있다. 그리고 스트레스와 화병을 달고 사는 대부분의 사람들은 고혈압 증상이 있기 마련이다.

2월 19일의 기록을 보면 "나의 증세는 화병이므로 눈을 감고 조용히 조섭한 뒤에야 회복될 수 있다"라고 나온다. 스트레스를 받고 혈압이 올라간 후 안정을 취하고 있으면 혈압이 낮아져 정신을 차릴 수 있다는 뜻이다.

몸에 혈액량이 증가해 머리에 두통이 왔음을 알 수 있는데, 이는 일반적으로 신장 기능 이상의 결과이거나 드물게는 다량의 염분을 저류貯留하는 종양 때문일 수도 있고 혈압 수치를 결정하는 심장에 이상이 왔다는 증상일 수도 있다.

광해군이 장수한 이유

화병은 글자 그대로 심장에 화火가 쌓인 것이 풀리지 못해서 생긴다. 이렇게 화 때문에 생기는 병의 특징은 인체 상부에 생긴다는 것이다. 물은 항상 아래로 흐르고 불은 항상 위로 타오른다.

광해군이 앓았던 치통, 안질, 두통, 종기를 일으키는 원리를 『동의보감』에는 "화열火熱이 침범하면 끓어올라 빨리 돌다가 병의 기운을 만나게 되면 한곳에 몰려 체액이 끈적해져 담痰과 음飮이 되는데, 이것이 혈맥 속으로 들어가게 되면 혈맥이 탁해져서 종기가 된다"라고 되어 있다.

광해군은 인조반정으로 제대로 된 저항도 해보지 못하고 왕위에서 끌려 내려왔다. 왜 화병이 생겼는지는 상상이 가고도 남는다. 그렇지만 광해군은 67세에 세상을 떠났는데, 이는 당시에는 장수한 왕이었다. 온갖 풍파를 견뎌내야 하는 유배 생활에도 광해군이 그렇게 장수한 원인은 어디에 있었을까?

광해군이 젊은 시절 지방을 떠돌며 나라를 살리겠다는 굳은 결의로 인한 정신 자세였을 것이다. 건강한 몸은 건강한 마음에서 나온다는 말이 있듯이, 광해군은 왕이 되기까지 팔도강산을 누비던 체력을 가졌고 왕위를 잇겠다는 의지가 있었다. 고통과 스트레스는 의지가 약한 사람에게는 독이 될 수도 있지만, 강인한 체력을 만드는 원동력이 되기도 한다.

또 광해군이 장수할 수 있었던 이유 중에는 당대 침의 허임이 있었기 때문이다. 허임은 오늘날까지 중국과 일본에서 그 진가를 인정받는 『침구경험방鍼灸經驗方』을 저술하기도 했다. 1610년의 기록은 그가 어떤 침의였는지를 잘 보여준다. 조선시대 불세출의 명의인 허준마저도 침이라면 허임 앞에서 꼬리를 내렸다. 1604년(선조 37) 9월 23일 허준이 편두통으로 괴로워하는 선조의 물음에 답한다.

"침의들은 항상 말하기를 '반드시 침을 놓아 열기를 해소시킨 다음에야 통증이 감소된다'고 합니다. 소신은 침 놓는 법을 알지 못합니다마는 그들의 말이 이러하기 때문에 아뢰는 것입니다. 허임도 평소 말하기를 '경맥經脈을 이끌어낸 다음에 아시혈阿是穴에 침을 놓을 수 있다'고 했는데, 이 말이 일리가 있는 듯합니다."

침술에서는 허임의 말이 가장 권위가 있다는 말이다. 당시 허준의 나이가 66세, 허임의 나이가 35세에 불과한 점에 비추어보면 대단한 칭송이다. 허임은 임진왜란 초기에 궁중에 들어와 26년 동안 광해군의 총애를 받았다고 한다. 그런 명의가 광해군 옆에 있었으니 장수하는 데 많은 도움이 되었을 것이다.

인조

1595~1649
재위 1623. 3~1649. 5

가장 무능한 왕

삼전도의 치욕이라는 역사를 만든 인조는 선조의 다섯째 아들 정원군과 인헌왕후 구씨의 첫째 아들로 1595년(선조 28)에 태어났다. 이름은 종(倧)이다. 선조는 인빈 김씨를 사랑했는지 인빈 김씨는 왕자 4명과 공주 5명을 낳았는데, 인조의 아버지 정원군은 그중 셋째 아들이었다. 정원군은 11세이던 1590년(선조 23)에 두 살 많은 인헌왕후 구씨와 결혼해 16세 때 인종을 얻었다.

인조는 선조에게 첫 손자였다. 선조는 인조를 몹시 귀여워했고, 의인왕후 박씨도 좋아해서 2세 때부터 궁궐에서 생활하게 했다. 선조는 인조를 안고 직접 글을 가르치기도 했는데, 어린 인조가 명민해 일찍 문자를 깨우치자 사부師父를 붙여주기도 했다. 그렇게 궁궐에서 지내다가 선조가 죽은 뒤에야 궁궐에서 나와 살았다. 소년이 되기까지 인조는 선조의 사랑을 받으며 행복한 생활을 했다.

인조는 조선의 왕 중에서 가장 무능한 왕이며, 자식인 소현세자와 며느리 민회빈 강씨에게 죄를 뒤집어 씌워 매로 쳐서 죽인 왕이다. 그리고 안사돈이었던 강빈의 어머니를 처형하고 친손자인 세자의 아들들까지 제주도로 유배 보내 풍토병으로 죽게 했다. 그야말로 천륜을 저버린 어리석은 군주였다. 어떻게 그렇게 어리석은 왕이 어질다는 인仁 자를 썼으며, 국가에 공도 세우지 못한 왕에게 '조祖'를 써야 했을까?

인조의 질병에 대한 『인조실록』의 기록을 찾아보면 젊은 시절에는 건강한 편이었다. 그러나 재위 기간에 정국이 안정되지 못하고 노심초사 자신을 의심하는 성격으로 병이 생겨 감기 증상이 자주 있었다.

인조의 질병은 어머니 인헌왕후 구씨와 선조의 계비 인목왕후 김씨의 죽음에서 비롯되었다. 조선의 왕들은 나라에 변고가 있거나 가뭄과 홍수 등 천재지변이 생기면 근신한다는 뜻으로 고기 반찬을 줄이는 철선撤膳이나 반찬의 가짓수를 줄이는 감선減膳을 했다. 또 일부 왕들은 신하들을 압박하기 위해 식사를 끊는 각선却膳을 하기도 했다.

인조는 어머니 인헌왕후 구씨가 세상을 떠나자 감선과 각선을 하다가 건강을 해쳤다. 경기도 파주시에 있는 인조와 인열왕후 한씨의 능인 장릉.

1626년(인조 4) 어머니 인헌왕후 구씨가 세상을 떠나자 인조는 너무 성실하게 감선과 각선에 임하다가 건강을 해쳤다. 『인조실록』에 따르면 인조는 오랜 기간 지속된 철선과 비정상적으로 적은 식사량 때문에 몸이 수척해지고 얼굴이 검어지며 목소리까지 변했다. 특히 식사량은 문제가 될 정도로 적었다. 2월 11일 『인조실록』은 이렇게 기록하고 있다.

"삼가 듣건데 근일 성상께서 늘 묽은 죽을 진어하시는데 하루에 진어하는 양이 몇 홉에 불과하고 조석의 궤전饋奠(신에게 음식을 바치는 의례)에 반드시 직접 참여하신다고 했습니다.……황급하고 망극한 상황이라 목전에 손상되는 것을 미처 살피지 못하시지만, 원기가 알지 못하는 사이에 점차 쇠약해지신 것이 또한 많을 것입니다."

같은 해 7월 7일의 기록이다.

"전하께서는 지난겨울 시질時疾하시면서 바람과 눈을 무릅쓰고 찬 곳에 오래 계시었고……지나치게 애통해하시어 옥체가 수척해지고 용안이 검게 변하셨습니다."

신하들은 왕의 몸이 필부의 것과 같지 않다고 설득한다.

"성상의 한 몸은 종사宗社가 의탁하고 신민이 우러르는 바인데 어찌 스스로 대수롭게 여겨 마치 필부처럼 마음 내키는 대로 바로 행할 수 있겠습니까? 삼가 바라건대 성상께서는 애써 지극한 정리情理를 억제하고 예제에 맞게 하도록 노력하시며 적절한 보양補養의 방도를 깊이 생각해 신인神人의 기대에 부응하소서."

결국 인조는 신하들의 호소를 마지못해 받아들인다.

학질로 사망하다

인조의 건강은 타락죽을 먹고 조금씩 회복된다. 나이가 젊은 덕도 있었을 것이다. 타락죽은 쌀죽에 우유를 넣어 끓인 것이다. 우리나라 전통 소에서 나오는 우유는 젖소보다 양이 적어 민간에서는 우유를 식재나 약재로 쓰지 못했다. 그래서 왕실에서만 썼다.

인조의 건강은 인목왕후 김씨의 죽음 이후 더욱 나빠졌다. 1632년(인조 10) 8월 3일 『인조실록』은 이렇게 기록한다.

"전하께서 병환에 시중든 처음부터 밤낮으로 애를 태워, 주무심과 수라가 절도를 잃어버림이 상사喪事를 당한 이래로 이미 3개월이 되었으며, 곡읍哭泣을 슬프게 하고 푸성귀밥에 물을 마심으로 해서 부지불각 중에 점차로 건강을 손상시킨 것이 반드시 이루 말할 수 없을 것입니다."

인조의 증상은 날로 악화된다. 9월 6일에는 인조의 안색이 검게 변하고 땀이 비 오듯 하면서 몸에 오한이 생겨 반신이 마비된다. 약방에서는 과로가 큰 질병의 원인이라고 지적한다. "사람의 병이 되는 것이 내상內傷보다 더 큰 것이 없고 곡읍하는 것보다 더 심한 것이 없습니다"라면서 지나친 슬픔과 과로를 피할 것을 간청한다.

인목왕후 김씨의 죽음에 대한 인조의 과도한 반응은 '하늘이 낸 효성'이라고 신하들의 감탄을 자아낸다. 그러나 이러한 행동이 인목왕후에 대한 깊은 효성에서 우러나온 것이라고 보이지 않는다. 인조는 항상 가식적인 모습을 보였기 때문이다.

인조의 건강에 결정타를 입힌 사건은 병자호란(1636년)일 것이다. 오랑캐라고 무시했던 청나라에 대한 굴욕적인 사대관계 수립과 전란으로 인한 스트레스는 인조의 병증을 악화시킨 주된 요인이었다. 인조가 얼마나 급박한 처지에 있었는지는 '말죽거리'라는 지명의 유래에서도 짐작할 수 있다. 인조가 피난하다가 배가 고파 백성들에게 팥죽을 얻어먹었는데, 상황이 급박해 말 위에 앉은 채 팥죽을 먹었다고 해서 붙여진 지명이라고 한다.

인조는 재위 기간 내내 자기 병의 원인을 저주라고 굳게 믿었다. 그래서 저주하는 무리를 없애야 건강을 지킬 수 있다며, 너무도 많은 사람을 희생시켰다. 이 주술 집착 역시 전쟁과 반란, 궁중 암투의 충격이 준 외상 후 스트레스 장애일 것이다. 1647년(인조 25) 4월에는 죽은 강빈의 무리가 자신을 저주해 몸이 아프다며 강빈의 독약 사건에 대한 재심을 벌여 관련자 14명을 사사했다.

1649년(인조 27) 5월 인조는 스스로 상한傷寒을 얻었다고 진단하고, 의관 이형익李馨益을 불러 침을 맞았는데 증세가 호전되지 않자 의관들을 소집해 진찰하게 했다. 이때까지만 하더라도 병세를 대수롭지 않은 것으로 판단하고 시약청侍藥廳(왕의 병이 중환일 때 임시로 두었던 의료기관)도 설치하지 않았다.

5월 7일 "상이 미시(오후 1~3시)에 한기가 조금 있고 신시(오후 3~5시)에 두드러기가 크게 나고 유시(오후 5~7시)에 한기가 풀렸다. 의관들이 다 말하기를, '오늘은 상의 증세가 갑자기 차도가 있으니, 학질 증세가 조금 있으나 곧 그칠 것이다'"라며 낙관했지만, 그것이 마지막 기록이었다. 인조는 1649년(인조 27) 55세의 나이로 세상을 떠났다.

인조가 숨을 거두기 전에 앓았던 질병은 학질이었다. 학질은 몸을 벌벌 떨며, 주기적으로 열이 나는 병이다. 학질은 사람이 견디지 못할 정도로 포악스러운 병이다. 현대의학에서는 학질을 일정한 시간을 두고 추워서 떨다가 열이 나고 땀을 흘리면서 열이 내렸다가 하루나 이틀이 지나 다시 발작하는 것을 말한다. 학질모기가 매개하는 말라리아 원충이 혈구에 기생해 생기는 전염병이다. 당시 의료 환경이나 보건위생상 문제가 많았던 궁중 생활에서 흔히 발생할 수 있는 병이다.

여우 뼈의 저주

인조는 죽기 전부터 자신을 죽이려는 저주를 걸었다는 혐의를 뒤집어 씌워 많은 사람을 처형했다. 성리학은 질병의 원인을 저주나 사기邪氣에서 찾는 행태를 배격하고 사람의 마음에서 찾는다. 치료도 마음의 근본을 돌아보는 수양론에 무게를 둔다. 1633년(인조 11) 2월 3일 예조참의 이준李埈은 인조의 저주 타령에 강력한 제동을 걸면서 왕의 병이 국상을 치를 때 과로한 탓이며 이것을 치료하려면 의원들의 처방과 성리학적 수행을 제대로 받아들이라고 권한다.

신하들은 인조에게 여우 뼈에 걸린 저주 때문에 병이 생긴 게 아니라고 한 것으로 보아 인조는 정신질환을 앓았던 것으로 보인다. 1610년 허준이 저술한 『동의보감』.

"주자朱子의 말씀에 '병중에는 모든 일을 제쳐놓고 오로지 마음을 안정하고 기운을 기르는 데에만 힘써야 한다'고 했으니, 여기에서 병을 치료하는 요법은 조리가 으뜸이고 약물은 그 다음이란 것을 알 수 있습니다. 한편 저주란 말세에 와서 나온 것으로 인심이 지극히 사악해 이러한 일이 있긴 합니다마는 상제上帝가 몹시 밝으시어 내려다보고 계십니다. 옛날의 양의良醫가 이러한 의론을 했기 때문에 그 치료의 방법 또한 의서에 적어놓지 않았습니다. 이른바 사수邪祟(귀신이 붙은 듯 제정신을 잃고 미친 사람처럼 되는 증상)란 것은 호매狐魅(여우에게 홀린 듯 정신을 잃는 질환)를 가리켜 말하는 것이지 후세에 말한바 썩은 뼈가 작용해 괴변怪變을 부린다는 것은 아닙니다. 마땅히 여러 의원의 말에 따라 한결같이 원기를 보익補益하는 것을 위주로 하소서."

인조의 병은 여우 뼈에 걸린 저주 때문에 생긴 것이 아니라 치료법을 의학적으로 바꾸라는 것이다. 그리고 이 기록은 인조가 사수와 호매라고 불린 정신질환을 앓고 있었다는 것을 보여준다. 아들과 며느리, 손자까지 죽인 인조는 분명히 정신질환을 앓았을 것이다. 『동의보감』에서는 사수를 이렇게 풀이하고 있다.

"사람이 헛것에 들리면 슬퍼하면서 마음이 저절로 잘 감동되며 정신이 산란해 술에 취한 것 같고, 미친 듯이 독설을 해대고 놀라거나 무서워하며 벽을 향하고 슬프게 한다. 그리고 꿈에 헛것과 방사(오줌)하며 가위에 잘 눌리고 잠깐 추웠다 잠깐 열이 나면서 명치끝이 그득하고 숨결이 가빠오며 음식을 잘 먹지 못한다. 이것은 다 정신이 제자리를 지키지 못하고 온전하지 못하기 때문이지 실제로 헛것이 있어서 그런 것이 아니다. 원기가 극도로 허약해진 것이다."

조현병을 앓다

『동의보감』에 나오는 사수, 즉 정신병은 오늘날 강박장애에 의한 조현병과 유사하다. 강박장애란 불안을 야기하는 생각들을 떨쳐버리기 위해 특정 행동이나 의식을 반복적으로 해야 한다는 충동을 느낀다. 강박장애는 일종의 정신병의 한 종류로 전형적인 증상은 집착 혹은 충동성을 보이거나 두 가지 모두 보일 수 있다. 본의 아니게 반복적으로 발생하는 생각, 감정, 상상을 집착이라고 하며, 이로 인해 불안이 발생한다. 이러한 증상이 점점 심해질 경우 정신분열 현상이 나타나는데, 심할 경우 조현병이라는 정신병으로 발전한다.

조현병은 말 그대로 '현악기絃의 줄을 조율한다調'는 뜻으로 정신적으로 혼란을 겪는 환자가 정상적으로 현악기가 조율되지 못했을 때와 비슷해 붙여진 이름이다. 현실과 다른 것을 믿으며 다른 사람에게 설득당하지 않는 상태인 망상이 조현병의 가장 주요한 증상이다.

또 실제로 없는 소리를 듣는 환청이나 냄새를 맡는 환취 등의 신체 환각 증상도 조현병의 증상 중 하나다. 이 밖에 말이나 생각이 끊기고 다시 새로운 주제로 이어지거나, 여러 내용이 뒤죽박죽

인조는 삼전도의 치욕으로 부끄러운 역사를 남긴 어리석은 왕으로 기억된다. 서울시 송파구 석촌호수에 있는 삼전도비.

섞이기도 한다. 그리고 표정이 없어지고 무기력해지고 기이한 행동을 보이는 등의 증상으로 인해 결국 사회 활동이 어려워진다.

『동의보감』에서 말하는 사수를 이겨내는 방법, 즉 원기를 보충하는 방법은 조현병 환자들의 병의 원인 중에서 못 먹거나 영양이 부족한 증세를 치료하기 위한 조치였을 것이다. 그래서 『동의보감』에는 "원기가 모자랄 때는 음식물로 보한다. 쌀, 고기, 과일, 채소와 여러 가지 음식물은 다 몸을 보한다. 약을 쓸 때는 눅눅하고 찐득한 약으로 보한다. 녹각교, 아교, 조청, 졸인 젖, 꿀, 인삼, 행인, 당귀, 숙지황 등을 쓴다"라고 나와 있다.

인조의 삶은 왕의 건강관과 질병관이 국가와 가족, 자신에 이르기까지 엄청난 영향을 미칠 수 있음을 보여준다. 아무리 권력과 돈을 많이 가진 자라고 하더라도 건강 비결은 소박하다. 자신의 생활 속에서 질병의 원인을 찾아내고, 그것을 고쳐 나가며 건강 상식을 실천하는 것뿐이다.

어쨌든 인조는 자신의 업보를 짊어지고 세상을 떠났다. 세상 사람들은 그의 죽음이나 사망 원인에 대해서는 관심이 없다. 인조라는 인물을 떠오르기 전에 삼전도의 치욕으로 자손 대대로 부끄러운 역사를 남긴 어리석고 모질고 권력욕에 사로잡혀 혈육을 죽인 왕이었다는 것만을 기억할 뿐이다.

효종

1619~1659
재위 1649.5~1659.5

욱하는 성질과 식탐

효종은 1619년(광해군 11) 인조와 인열왕후 한씨 사이에서 둘째 아들로 태어났으며, 이름은 호淏다. 인조가 반정을 일으켜 왕위에 오른 것은 효종이 5세 되던 1623년이었다. 이후 효종은 8세 때인 1626년(인조 4) 봉림대군으로 책봉되었다. 1636년(인조 14) 병자호란이 일어났을 때 동생 인평대군과 강화도로 피난을 갔으나 그곳마저 함락되면서 청나라의 인질이 되어 삼전도로 압송되었다. 그 후 소현세자와 함께 볼모가 되어 청나라 선양瀋陽에서 8년 동안 생활을 했다.

　1645년(인조 23) 먼저 조선으로 돌아간 소현세자가 갑자기 사망하자, 궁궐에서는 다음 세자를 정하는 문제로 시끌벅적해졌다. 소현세자의 아들이 세손의 대를 이어야 한다는 의견과 둘째 아들인 봉림대군이 대를 이어야 한다는 의견으로 대립했다. 그러나 소현세자와 갈등을 해온 인조의 강력한 주장으로 봉림대군이 세자로 결정되었다. 이 결정이 내려지는 데는 단 하루밖에 걸리지 않았다.

　봉림대군은 급히 조선으로 돌아와 세자 책봉을 받았다. 그리고 1649년(인조 27) 5월 인조가 죽자 5일 만에 왕위에 올랐다. 31세의 나이로 즉위하자마자 효종은 "조선의 자주권을 되찾고야 말겠다"라며 북벌을 계획했다. 효종의 머릿속에는 소현세자와 함께 오랫동안 머나먼 청나라에서 온갖 고초를 겪으며 생활할 때의 고통이 꽉 차 있었다. 그로 인해 반청 감정을 북돋아 조선의 자주권을 되찾으려는 열망이 강했다.

　『효종실록』이나 『공사견문록』에 나오는 효종에 대한 칭송은 모두 다른 왕들에게도 기록되는 일반적인 내용이다. 효종의 성격은 아버지 인조의 성격과 거의 유사한 것 같다. 다시 말해 화를 참지 못하고 자신이 옳다고 생각하면 다른 신하들의 말을 무시하면서 강행했다. 그러한 자신의 행동에 대해 정당한 것으로 밀어붙이는 독단과 분노 조절 장애, 정신적 강박 증세를 보였다.

　욱하는 성격에 참을성이 없었던 점은 대신들에게서 여러 차례 지적받은 바 있다. 1652년(효종 3) 10월 17일 참찬관參贊官 이척

연李楊然은 "신이 듣건데, 지난번 경연 자리에서 죽인다는 말씀까지 하셨다니, 신은 참으로 놀랍습니다"라며 효종의 과격한 언사를 나무랐다. 1654년(효종 5) 1월 2일의 기록도 마찬가지다. 수찬修撰 이수인李壽仁의 상소였다.

"조금이라도 전하의 마음에 거슬리면 반드시 꾸짖으십니다. 심지어는 발끈 진노하고 말소리와 얼굴빛을 대단히 엄하게 하며 행동거지가 어긋나서 몸을 크게 손상하니, 원근간에 전파되어 보는 사람이 어리둥절해 합니다."

1658년(효종 9) 12월 27일에는 왕이 스스로 반성하기까지 한다.

"나에게 기질상의 병통이 없을 수 없어 한창 성이 날 때에는 일의 시비를 따지지 않은 채 내 마음 내키는 대로 마구 행해 꼭 끝을 보고서야 그만두었기 때문에 잘못되는 일이 많았다."

욱하는 성질 외에도 식탐도 도마에 올랐다. 효종의 식탐에 대한 지적은 『효종실록』에 몇 차례 반복되는데, 영돈녕부사 이경석李景奭은 1654년 1월 15일 상소를 올려 중국 남송대의 대학자이자 주자의 친구였던 여조겸呂祖謙의 일화를 거론하며 효종에게 식탐을 경계하라고 지적한다.

여조겸은 젊었을 때 성질이 거칠고 포악해 음식이 뜻에 맞지 않으면 바로 상을 때려 부숴 버릴 정도였는데, 후일 오랫동안 병을 앓으며 『논어』의 한 구절을 읽은 후 포악한 성정을 고치고 대학자로 거듭났다.

여조겸에게 깨달음을 준 구절은 "자기 몸에 대해서는 스스로

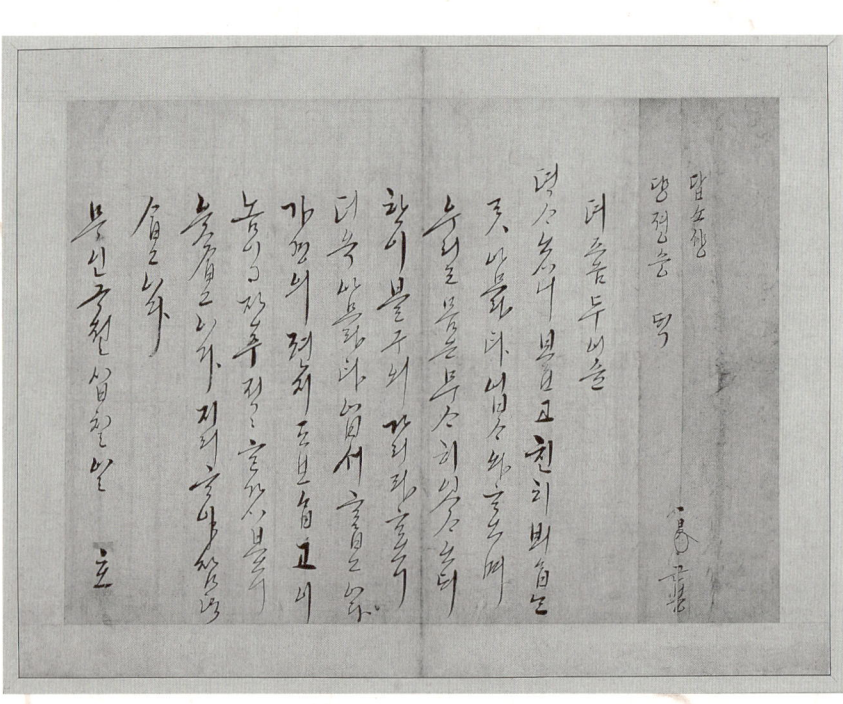

효종은 욱하는 성질에 참을성이 없었고, 식탐도 있었다. 오죽했으면 신하가 주자와 공자의 말을 인용해 식탐을 경계하라고 강조했을까? 효종의 한글 간찰簡札. (국립중앙박물관 소장)

엄중하게 꾸짖고 남에 대해서는 가볍게 꾸짖어야 한다"라는 대목이었다. 이경석은 주자와 공자의 말을 인용해 식탐 같은 사욕을 경계하라고 강조한다.

"전하의 고명하신 자질로서 자기의 사욕을 이기는 공부에 마음을 더 쓰신다면, 사욕이 큰 화로 위의 한 송이 눈처럼 사라지는 것이야 어찌 말할 것이 있겠습니까? 공자께서 말씀하시길 '하루라도 자기의 사욕을 이겨 예禮로 돌아가면 천하 사람이 허여許與할 것이다' 했으니, 성인께서 어찌 빈말을 했겠습니까?"

1657년(효종 8) 8월 16일에는 송시열이 상소를 올려 작심하고 비판한다. 효종에게 '천하다'고 돌직구를 날린 것이다.

"신이 듣건대 금년 봄에 영남의 한 장수가 울산의 전복을 매우 급히 내라고 독촉하면서 말하길 '상께서 훈척勳戚 대신을 통해 요구하셨다'고 했습니다. 과연 그런 일이 있었습니까? 혹시 훈척이 사복私腹을 채우려고 성상의 분부라고 빙자한 것은 아닙니까? 맹자가 말하길 '음식을 탐하는 사람을 천하게 여긴다'라고 했습니다."

머리에 생긴 종기

효종은 재위 초반에는 감기로 고생했으며, 중후반에는 소갈증과 그 후유증으로 추정되는 종기 때문에 고통을 받았다. 결국 효종은 종기 치료 중 출혈 사고로 숨을 거두었다. 우선 효종은 강한 군주의 이미지와는 달리 재위 10년 동안 감기를 앓았다. 즉위 초기 국상을 치르면서 얻은 과로와 반청주의에 따른 스트레스로 체력이 악화된 탓이다. 이 때문에 내상성 감기에 자주 사용되는 곽향정기산藿香正氣散이 주로 처방되었다. 곽향정기산은 조선 후기 유재건劉在建이 쓴 『이향견문록』에 만병통치약으로 소개될 정도로 유명한 처방이다.

1656년(효종 7) 4월 20일 효종의 번갈煩渴과 노곤한 증상을 치료하기 위해 맥문동음자麥門冬飮子라는 처방을 올린 기록이 보이는데, 이 맥문동음자는 소갈을 치료하는 약이다. 번갈이란 갈증을 의미한다. 당뇨의 주된 증상은 많이 마시고 먹고 소변을 보는 다음多飮, 다식多食, 다뇨多尿다.

1656년 10월과 1657년 11월에도 갈증을 암시하는 증상이 보이는데, 1658년에 접어들면서 1월부터 12월까지 번열煩熱(몹시 열이 나고 가슴이 답답해 괴로운 증상)과 갈증이 기록되었다. 또한 효종이 사망한 1659년(효종 10)에도 번갈이 나타난다. 소갈의 증상 중에서 목이 말라 물을 계속 찾는 증상을 보인 것이고, 이것이 1658년에 매우 심했다는 것이다.

그러던 차에 1659년 4월 27일, 내의원에서 효종의 머리에 난 종기를 알게 되었다. 그런데 이 종기는 하루하루 급격히 악화되었다. 다음 날인 28일 내의원이 들어와서 환부를 살펴보았다. 종기의 독이 얼굴에 두루 퍼져 눈을 뜰 수가 없었다. 이틀이 지난 30일에는 효종의 종기 증후가 더욱 위독해지므로 약방 제조는 시약청을 설치하자는 의논을 하기에 이르렀다. 5월 1일 효종이 내의원을 독촉하기에 이른다. 내의원이 문안하니 효종이 답했다.

"종기의 증후가 날로 심해가는 것이 이와 같은데도 의원들은 그저 보통의 처방만 일삼고 있는데 경들은 이 병을 평범하게 여기지 마라."

효종도 느끼고 있었던 것이다. 지금 이 종기의 상태가 가볍지 않다는 것을 말이다. 이에 의관 유후성柳後聖이 침을 들었다. 종기의 상태가 가볍지 않다는 것을 알았기 때문이다.

내의원이 들어가 진찰하니 부기가 점점 심해지고 있었다. 유후성이 아뢰기를 "독기가 눈꺼풀에 모여 있으니 의당 산침散鍼을 놓아서 배설시켜야 합니다"라고 하니 효종이 따랐다고 한다.

이틀 후인 3일에도 효종은 산침을 맞았다. 그런데 다음 날인 4일 일이 일어나고 말았다. 효종이 자신의 병을 알린 지 7일째가 되는 날이었다. 무인 출신이지만 침을 잘 놓는 신가귀申可貴가 입궐했다. 신가귀는 1년 전 효종의 발에 종기가 생겨 고름이 흘러나올 때에도 침을 놓아서 치료한 적이 있었다. 효종이 신가귀에게 어떻게 치료할지 묻자 신가귀는 이렇게 대답했다.

"종기의 독이 얼굴로 흘러내리면서 또한 고름을 이루려 하고 있으니 반드시 침을 놓아 나쁜 피를 뽑아낸 연후에야 효과를 거둘 수 있습니다."

유후성은 신가귀의 의견에 반대했다. 경솔하게 침을 놓아서는 안 된다는 것이었다. 왕세자도 수라를 들고 난 뒤에 다시 침을 맞는 것에 대해 의논하고자 극력 청했으나 효종이 반대했다. 신가귀에게 지금 당장 침을 잡으라고 명했다. 신가귀는 침을 들었고 환부에 몰린 나쁜 피를 뽑아내고자 침을 놓았다.

신가귀가 침을 놓자 환부에서 고름이 나왔다. 그리고 연이어 검붉은 피가 쏟아져 나왔다. 처음에는 효종도 기뻐했다. 그러나 웬일인지 피가 멈추지 않았다. 시간이 흐르자 효종의 증상은 점점 위독해졌다. 신가귀는 오래전부터 수전증을 앓고 있었다. 침을 놓다가 혈관을 잘못 건드려 피가 멈추지 않았고, 결국 효종은 과다 출혈로 사망하고 말았다.

과다 출혈로 사망하다

효종은 재위 기간에 감기와 당뇨로 고생했다. 따라서 감기와 당뇨가 효종의 사망에 어떤 영향을 끼쳤는지부터 살펴볼 필요가 있다. 잦은 감기와 소갈증은 필연적으로 종기를 유발한다. 『동의보감』은 "소갈병의 끝에 종기가 생긴다"라고 경고한다.

한의학에서는 감기를 치료할 때 콧물, 기침, 염증, 발열 같은 증상을 완화하는 게 아니라 활성화해 인체의 면역 반응을 돕는다. 감기에 걸리면 고기를 멀리하고 콩나물국이나 뭇국을 먹고 생강이나 파뿌리 달인 물을 먹으면서 이불을 덮고 땀을 내도록 한다. 생강이나 파뿌리는 몸을 따뜻하게 하고 콩나물은 배설을 촉진해 세균이나 바이러스를 체외로 빨리 쫓아내는 것을 돕는다.

효종이 독살되었다는 일부 학자들의 주장을 살펴볼 필요가 있다. 『효종실록』은 효종의 죽음에 대해 침이 혈락血絡을 범한 탓이

수전증을 앓고 있던 신가귀가 침을 놓다가 혈관을 잘못 건드려 피가 멈추지 않았고, 효종은 과다 출혈로 사망했다. 경기도 여주시에 있는 효종과 인선왕후 장씨의 능인 영릉.

라고 기록하고 있는데, 당시 신가귀는 손을 떠는 수전증에 있었다. 수전증이 있는 의원이 옥체에 손을 댄다는 것은 상상할 수도 없는 일이었다. 또한 침이 혈락을 범했다고 해서 사망할 수 있느냐는 점도 의혹이었다.

효종 사망 다음 달에 의관 이기선李耆善이 갑자기 엄한 형벌을 받은 것은 특이할 만한 일이었다. 1659년 6월 3일 현종은 이기선의 문제를 제기한다.

"지난달 초 3일 밤 입진 때, 의관 이기선이 많이 부어 있는 것을 보고는 감히 꿍무니를 뺄 생각으로 진맥할 줄을 모른다고 아뢰었는데, 만약 그의 말대로라면 작년 편찮으셨을 때 어떻게 맥을 논했다는 말인가? 그의 정상情想이 매우 흉측 교묘해 엄히 징벌하지 않을 수 없으니, 그를 잡아들여 국문 처리하라."

지난달 초 3일이면 효종이 세상을 뜨기 전날로 그때부터 효종의 몸에 부기가 있었다는 말이다. 현종은 효종의 갑작스러운 죽음에 분명 문제가 있다고 생각했다. 인선왕후 장씨도 마찬가지였을 것이다. 이기선이 갑자기 발을 뺀 것이 효종의 갑작스러운 죽음과 관련이 있을지 모른다고 생각한 현종은 이기선이 국문에서 원래 맥 짚는 법을 모른다고 말하자 화를 냈다.

"맥 짚는 법을 모른다면 어떻게 의원이 되었느냐?"

현종은 엄한 벌을 가하도록 특명을 내렸다. 어쨌든 신가귀에 의해 침을 맞은 효종은 피가 쏟아지기 시작한 지 대략 5시간이 흐르자 얼굴이 점점 잿빛으로 변해가고, 호흡이 점차 거칠어졌다. 처음 겪는 응급 상황에 의관들은 어찌할 줄 모른 채 발만 동동 구를 뿐이었다. 효종은 목숨이 다해가고 있음을 직감했다. 남은 힘을 모아 힘겹게 삼정승, 송시열, 송준길과 내의원 제조를 불렀다.

신하들은 엎드린 채 흐느끼며 마지막 유언을 받들었다. 효종은 세자를 부탁한다는 말 한마디를 남기고, 41세의 나이로 1659년 5월 4일 창덕궁 대조전에서 세상을 떠났다. 허망한 죽음이었다.

사망 원인은 머리에 생긴 종기가 악화되어 패혈증으로 사망한 듯하지만, 종기 부위에 침을 맞은 구멍에서 계속 피가 쏟아져 지혈止血이 불가능했다고 기록하고 있다. 여러 가지 정황을 살펴보건데 효종의 죽음은 신가귀가 침을 잘못 놓은 것으로 보인다.

당뇨병 환자는 당뇨병 외에도 심혈관 질환 등 복합적인 문제가 동반되는 경우가 많고, 사망률과 이환율罹患率이 증가한다. 당뇨병이 있는 환자가 수술을 받게 되는 경우 당뇨병이 없는 환자에 비해 심혈관계 부작용의 위험도 높다.

또한 당뇨병은 인슐린 분비 감소 때문에 발병하는 만성 질환으로 혈당 수치가 붕괴되어 수술 시 과도한 출혈을 야기할 수 있다. 무엇보다 미세 혈관이 응집해 있는 머리에 침을 놓는다는 것도 위험한데, 당뇨병 환자인 효종의 머리에 침을 놓는다는 것은 위험해도 너무나 위험한 시술이었다.

위장병과 안질을 앓다

현종은 1641년(인조 19) 효종과 인선왕후 장씨 사이에서 태어났으며, 이름은 연棩이다. 현종이 태어날 당시 아버지 효종은 인선왕후 장씨와 함께 청나라 선양에 볼모로 잡혀 있었다. 효종은 1637년(인조 15)에 선양으로 끌려간 후 4년째 되던 해에 아들 연을 얻었다. 결국 현종은 조선 왕 중에서 유일하게 출생지가 외국인 왕이다.

1649년(인조 27) 왕세손에 책봉되었다가 효종이 즉위한 후

왕세자로 진봉進封되었다가 효종이 죽자 1659년(효종 10) 19세의 어린 나이에 즉위했다. 이때는 외부의 침략도 없어서 비교적 평화로운 시대였다.

현종은 군비 강화에 힘을 쏟았다. 재정 구조를 개선하기 위해 호구수의 증가와 농업의 발전을 이루었고, 조세 징수 체계를 확립했다. 그러나 현종은 집권 15년 동안 치열한 정쟁 속에서 시달려야 했다.

권신과 사대부들이 권력 투쟁을 벌이느라 조선은 기근과 전염병으로 편안한 날이 없었고, 백성들의 삶은 도탄에 빠졌다. 현종은 당쟁이 이어지는 내내 신경병적 증상을 보였다. 이것으로 보아 현종은 그렇게 강직한 왕은 아니었던 것으로 보인다. 이것은 『현종실록』 1662년(현종 3) 3월 23일의 기록에서도 나타난다. 극심한 가뭄으로 백성들이 농사에 어려움을 겪자 현종은 자책하며 "차라리 죽어버려 이런 말을 안 들었으면 한다"라는 극단적인 말까지 한다.

현종은 후궁을 한 명도 두지 않은 왕이었다. 조선 왕 중에서 후궁을 두지 않은 왕은 현종, 단종, 경종, 순종 4명뿐이다. 단종은 너무 어려서, 경종은 건강이 나빠서 단명했기 때문이고, 순종은 정치 상황이 좋지 않아 후궁을 둘 수 없었다.

현종은 이런 이유도 없었고, 아들도 한 명밖에 얻지 못했으니 선뜻 이해가 되지 않을 것이다. 원래 왕들이 후궁을 두는 것은 여색을 탐해서라기보다 후사 때문이다. 왕비에게서 아들을 얻지 못했을 때, 후궁의 아들이라도 택해 왕위를 승계하려는 것이다.

현종은 효종에게서 물려받은 질병 때문인지 온갖 병에 시달렸다. 특히 안질을 심하게 앓았다. 경기도 구리시에 있는 현종과 명성왕후 김씨의 능인 숭릉.

현종은 아버지 효종에게서 물려받은 질병 때문인지는 모르지만, 온갖 병에 시달렸다. 『현종실록』에 나타난 질병 기록을 살펴보면, 우선 현종은 1659년 8월 5일 아버지 효종의 죽음으로 소선素膳을 할 때 한동안 위장에 병이 있었고, 1660년(현종 1) 8월 16일에는 안질을 심하게 앓았다. 그로 인해 한동안 날마다 침을 맞았다.

1660년 6월 9일과 30일에는 발에 가려움증이 있었고, 7월 6일에는 머리와 얼굴에 열기가 있었고, 18일에는 두통, 23일에는 얼굴에 부스럼이 있었다. 1661년(현종 2) 7월 17일에도 건강이 좋지 못했고, 투침창偸鍼瘡(눈꺼풀 주위에 생기는 종기, 즉 다래끼)이 있었다. 1662년(현종 3) 8월 13일에는 습창濕瘡이 있어 온천욕으로 치료하고자 했다.

죽는 순간까지 고통을 호소하다

1663년(현종 4)에는 건강이 좋지 못해 자주 침과 뜸으로 치료를 받았다. 1664년(현종 4)에는 안질이 있었다. 1665년(현종 6)에도 건강이 좋지 못해 자주 침을 맞았는데, 온몸에 부스럼이 있었고, 침과 약에도 효험이 없어 온천욕을 했다. 1666년(현종 7)에는 안질이 재발했고 다리 부위에 종기가 있었다. 1667년(현종 8)에도 안질이 있었다.

1668년(현종 9)에는 종기, 안질, 천식 등을 앓았다. 1669년

(현종 10)에도 안질과 다리에 마비 증세가 있었으며, 수라상이 들어 오면 구역질을 하고 먹는 것이 하루에 불과 두어 홉으로 넉 달째 식사를 잘 못해 수척해졌으며, 가슴에 담이 막혀 음식이 소화되지 않았다고 한다. 그리고 종기가 심해져서 작은 병 크기만 한 종기를 침으로 터뜨리자 고름이 거의 한 되가량이 나왔다고 한다.

현종이 앓은 종기 부위는 결분缺盆(위에 속하고 비脾에 연결되는 경맥의 혈) 근처와 왼쪽 턱 밑, 풍지혈風池穴 곁 등이었다. 1670년(현종 11)에도 종기 치료는 계속되었고, 1672년(현종 13)에는 오른쪽 겨드랑이 아래 종기가 있었으며, 1673년(현종 14)에는 턱 밑에 종기가 있었고 안질도 있었다.

1674년(현종 15)에도 건강이 여전히 좋지 않았고, 뜸질로 인한 부스럼도 아물지 않은데다가 인선왕후 장씨의 병시중을 드느라 식음을 전폐하기도 했다. 또한 다리 통증이 심해지고 기운이 몹시 지치고 몸을 가누지 못하며, 온몸이 불덩이처럼 열이 나는 증상이 있었다. 이후 현종은 더욱 위독해져 정신이 혼미하고 설사 증세가 있었다.

현종은 딸 명혜공주와 명선공주가 1673년 4월과 8월 잇따라 세상을 떠나자 건강이 급격하게 나빠지기 시작했다. 그리고 1674년 어머니 인선왕후 장씨마저 세상을 떠나자 극도의 슬픔에 빠지게 된다. 아버지를 갑작스럽게 잃고 몸과 마음이 극도로 피폐된 채 왕위에 올랐듯이, 이제 왕위에서 내려올 때에도 혈육과 갑작스럽게 이별하면서 몸과 마음이 허약해졌던 것이다.

효종은 빈번하게 복통을 호소했다. 소변 보기가 곤란해지고

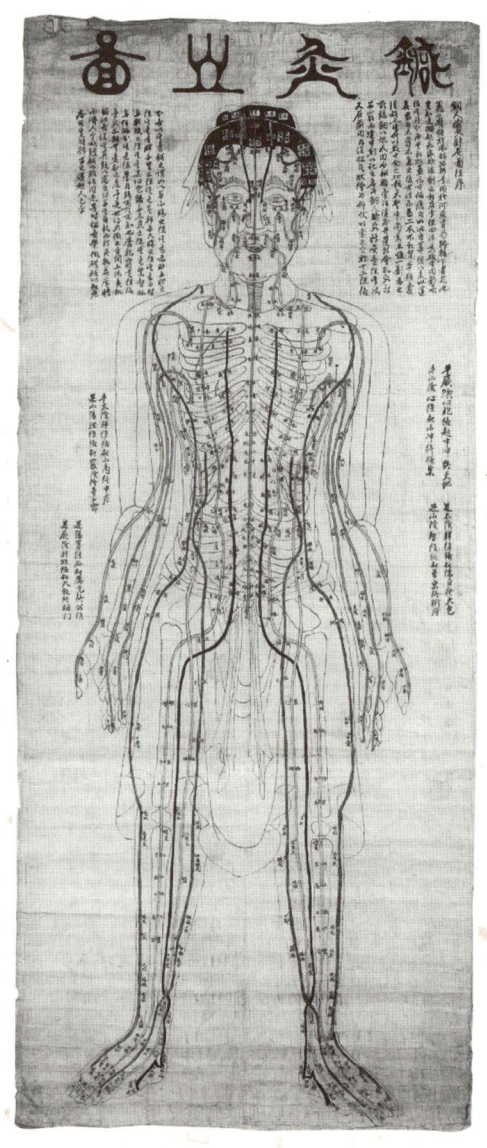

현종은 두 딸이 세상을 떠나자 건강이 나빠지기 시작했고, 어머니 인선왕후 장씨마저 세상을 떠나자 몸과 마음이 피폐해졌다. 인체에 있는 혈과 맥을 표시한 〈경혈도〉.
(국립중앙박물관 소장)

설사가 이어졌다. 1673년 5월부터 효종은 청서육화탕淸暑六和湯을 계속 복용하다가 창늠산倉廩散, 삼련탕蔘連湯, 반총산蟠葱散, 수자목향고水煮木香膏 등을 복용한다. 그러나 복통과 설사 증상은 크게 완화되지 않았고, 현종이 세상을 떠날 때까지 계속되었다. 그 뒤 1674년 7월 15일, 서인과 남인의 치열한 예송 논쟁이 끝나가고 그 정치적 뒤처리가 한창 진행되던 8월 18일 34세의 젊은 나이에 세상을 떠나고 말았다.

현종은 강직하지는 못했으나 침착하고 현명했던 것으로 보이지만, 효종처럼 큰일을 추진하던 와중에 뜻을 이루지 못하고 세상을 떠나고 말았다. 그의 이른 죽음으로 일각에서는 독살설을 제기하기도 하지만, 현종은 그전 해부터 이어져온 설사와 호흡곤란, 가슴의 답답증을 죽는 순간까지 고통스럽게 호소했다고 한다. 현종은 질병의 늪에서 끝내 헤어나오지 못하고 목숨을 잃은 것이다.

슬픔이 지나쳐 병이 되다

『현종실록』에 나타난 현종의 질병은 종기와 안질, 피부병과 스트레스로 인한 과민성 대장증후군에 의한 복통과 설사였다. 안질은 즉위 초부터 시작되어 현종을 끈질기게 괴롭혔다. 눈에 대한 침 처방이 이어진 것은 물론이고, 눈을 씻어주는 세안탕洗眼湯, 사물용담탕四物龍膽湯, 속효산速效散, 자신명목탕滋腎明目湯 처방이 반복되었다. 답답한 마음에 중국 서촉西蜀(지금의 쓰촨 지방)에 있다는 공청空靑(한약재로 쓰이는 광물의 일종)을 구하기 위해 사신을 보내는 문제를 의논할 정도였다.

현종을 괴롭힌 질병은 종기였다. 종기는 조선시대 의관들에게 공포의 대상이었다. 『동의보감』은 이 질환을 결핵이라고 표현하는데, 결핵균에 감염되어 생기는 질환인 현재의 결핵과는 다르다. 『동의보감』에서 결핵은 열이 한곳으로 몰려 맺힌 단단한 작은 멍울을 가리키는데, 과일의 씨와 비슷하다고 했다. 따라서 꼭 쨀 필요가 없고 열기만 흩어지게 하면 저절로 삭는다고 했다.

그런데 현종을 괴롭혔던 안질과 종기 역시 결핵균에 의한 것으로 볼 수 있다. 현종의 안질은 안구에 붉게 핏발이 서면서 하얀 예막翳膜이 눈동자를 덮어서 시야를 가리는 것이 특징이다. 이는 결핵의 합병증 중에서 결핵균이 안구까지 침범해 발생하는 각막실질염과 증상이 매우 유사하다.

『현종실록』에 습창으로 기록되어 있는 다리의 습진 역시 결핵균이 피부에 침범해 생긴 결핵 발진으로 볼 수 있다. 결핵균의 특징은 다른 세균과 달리 진행이 매우 느리다. 환자에게서 채취한 균을 배양해서 검사할 때도 배양이 느려 확진하기까지 4주 정도가 소요된다. 그리고 결핵균에 감염되어도 실제로 아무 증상이 없는 경우도 많다.

사실 결핵균은 누구나 보유하고 있지만, 건강한 사람은 결핵균에 대한 면역력 때문에 쉽게 감염되지 않는다. 현종이 유독 결핵균이 목과 눈에 퍼져 고생한 것은 바로 현종의 건강이 나빴기

현종은 집권 15년 동안 치열한 정쟁 속에서 시달려야 했다. 특히 서인과 남인의 예송 논쟁은 극도로 치열했다. 노론의 영수인 송시열.
(국립중앙박물관 소장)

때문이다. 현종이 아주 건강했다면 아무 증상 없이 건강하게 살았을 수도 있다.

하지만 이미 현종은 즉위할 당시에 안질을 앓고 있었고, 게다가 아버지 효종이 갑작스럽게 사망해서 장례를 치르느라 아픈 몸을 너무나 혹사했다.

『현종실록』에도 "상이 상례喪禮에 지나치도록 슬퍼해 편찮으신 지 4개월이나 되었다. 상이 편찮은 지 한 달이 넘도록 시름시름 앓고 낫지 않고 있다"라고 기록할 정도니, 즉위 당시부터 몸과 마음이 극도로 허약한 상태였다.

현종은 재위 내내 복통에서부터 시작된 심상치 않은 증세는 무기력증으로 이어졌고, 며칠 후 맥박이 빨라지면서 살갗이 불에 타듯이 달아오르게 되었다. 그 뒤에도 계속해서 요통이 있었고, 고통스러운 번열이 이어지다가 헛배가 부르면서 대변이 묽어지고 소변이 잘 나오지 않았다. 하루하루 증세는 더욱 악화되었고, 의식이 혼미해지기까지 했다.

현종이 사망 직전에 헛배가 부어오른 증상으로 보아 이는 결핵성 복막염으로 볼 수 있다. 병든 몸으로 왕위를 지키며 격무에 시달리느라 몸은 허약해질 때로 약해져 결핵균이라는 병을 이겨내지 못하고 사망한 것으로 추정해볼 수 있다.

숙종

1661~1720
재위 1674. 8~1720. 6

다혈질적인 성격

숙종은 1661년(현종 2) 현종과 명성왕후 김씨 사이에서 태어났으며, 이름은 순焞이다. 숙종은 효심이 강하고 천재라고 불릴 만큼 영민했다고 한다. 왕권을 강화하고 조선을 안정시켰던 숙종은 1720년(숙종 46) 46년간의 통치를 끝내고 60세를 일기로 세상을 떠났다. 조선의 왕 중에서 숙종은 비교적 장수한 왕이다.

숙종은 성격이 다혈질이었던 것 같다. 그는 신하들에게 휘둘린 왕은 아니었다. 오히려 재위 기간에 일으킨 세 차례 환국(경신

환국[1680년], 기사환국[1689년], 갑술환국[1694년])을 통해 반대편 붕당을 쓸어내는 극단적인 방법을 선택했다. 한쪽 붕당의 세력이 지나치게 커지는 것을 용인하지 않았다. 항상 환국으로 한쪽 세력을 쓸어내는 방법을 선택했다. 신하만 쓸어낸 것이 아니라 그들이 지지하는 왕비까지 쫓아냈다. 숙종은 자신의 성격에 관해 스스로 이렇게 말했다.

"사람이 자고 먹는 것을 제때에 해야 하는데, 나는 그렇지 못했다. 나는 성질이 너그럽고 느슨하지 못해 일이 있으면 내던져두지를 못하고, 출납하는 문서를 꼭 두세 번씩 훑어보고, 듣고 결단하는 것도 지체함이 없었다. 그러자니 오후에야 비로소 밥을 먹게 되고 밤중에도 잠을 자지 못했다. 그래서 화증이 날로 성해 이 지경에 이른 것이다. 내가 내 병의 원인을 모르는 바 아니지만, 또한 어쩔 도리가 없었다."

숙종은 미온적이거나 소심한 성격이 아니라 다혈질이고 급한 성격을 지녔다고 볼 수 있다. 그런데 이러한 다혈질적인 성격은 간에 좋지 않은 영향을 준다. 다혈질이 있는 사람은 분노가 잘 쌓이고, 분노가 쌓일수록 간에 병이 든다. 숙종의 간을 병들게 만든 원인도 바로 다혈질적인 성격 탓이라고 할 수 있다.

숙종은 성격이 급한 만큼 많은 병으로 고생한 기록이 여기저기에서 보인다. 『숙종실록』에 기록된 숙종의 질병은 16세 때인 1676년(숙종 2) 9월에 등장한다. 『숙종실록』과 『승정원일기』의 기록에 따르면 머리가 아프고 인후통이 생기자 의관들과 공조좌랑 이국헌李國憲이 감기로 진단하면서 대표적인 감기 처방인 형

숙종은 다혈질이고 급한 성격을 지녔다. 이런 사람들은 대부분 분노가 쌓여 간에 좋지 않은 영향을 준다. 경기도 고양시 서오릉에 있는 숙종과 인현왕후 민씨의 능인 명릉.

방패독산荊防敗毒散을 복용하게 한다.

　이튿날 복용 후에도 두통과 인후통이 여전히 지속되자, 당숙인 김석주金錫胄가 나서 의관들과 함께 소시호탕에 맥문동, 갈근, 지모, 황백을 더해 처방을 변경한다. 이후 증세가 호전되었으나 9월 17일 갑자기 수라를 들기 싫어하면서 오한과 오심惡心 증상이 생기기 시작한다. 가슴이 답답한 증상에 초점을 두고 양격산凉膈散을 처방하기도 하고, 밥맛을 당기게 하는 이공산異攻散과 소요산逍遙散이라는 처방을 바꿔 보기도 하지만 호전되지 않았다.

　25일 갑자기 얼굴과 눈에 누런색이 나타나자 의관들은 황달 증세로 진단하고 처방을 급선회한다. 황달을 치료하는 시령탕柴苓湯을 처방한다. 3일 만에 얼굴과 눈에서 누런색이 가시기 시작한다. 피부색이 윤기가 돌고 오심 증상이 줄어들면서 밥맛이 돌아오기 시작한다.

　5일이 지난 30일 누런 황달빛은 모두 사라졌고 수라와 수면도 정상적인 상태가 되면서 지금까지 써온 황달을 치료하는 시령탕에서 백출제습탕白朮除濕湯이라는 온화한 처방으로 변경한다. 10월 2일, 내의원이 황달 치료에 돌입한 지 7일 만에 숙종은 의관들에게 평상시와 같으니 더는 묻지 말라고 하교를 내린다. 이런 상태를 보건데 틀림없이 숙종은 간에 문제가 있었던 것으로 보인다.

애간장을 태우다

숙종은 간질환으로 지목되는 증상을 평생 달고 살았다. 15세 때 황달성 간염을 앓은 이후 확실히 숙종은 작은 일에도 흥분을 잘했으며 쓸데없이 애간장을 태웠다. '애간장'이라는 말은 간장을 녹이고 태우고 졸이며 말린다는 표현인데, '애'는 초조한 마음을 뜻하는 순우리말이다. 『숙종실록』에는 숙종이 화를 내고 애간장을 태우는 모습이 여러 차례 기록되어 있다.

1688년(숙종 14) 7월 16일에는 "왕의 노여움이 폭발해 점차로 번뇌가 심해져, 입에는 꾸짖는 말이 끊어지지 않고, 밤이면 또 잠들지 못했다"라고 기록하고 있고, 1695년(숙종 21) 9월 13일에는 흉년을 맞아 비망기備忘記를 내리면서 "큰 병을 앓은 뒤라 조금만 사색함이 있어도 문득 혈압이 올라온다"라며 달아오르는 분노의 열기를 주체하기 힘든 모습을 보인다.

1694년(숙종 20) 10월 17일에 설서說書 최계옹崔啓翁이 상소하기를 "벼슬을 질곡桎梏처럼 여기고 국문鞠問을 그림 속의 땅처럼 보며 무서워하고 벌벌 떨며 발을 포개고 서서 숨을 죽인다고 했습니다"라며 신하들이 숙종을 두려워하는 모습을 생생하게 그려낸다. 그리고 곧바로 "이는 전하께서 덕을 지키심이 관대하지 못하고 도道의 확신함이 돈독하지 못해 상하가 서로 의심하며 심정과 뜻이 막히게 되어서 한없는 폐단을 야기한 것입니다"라며 숙종의 지나친 편향성과 화를 잘 내는 성격에 문제의 원인이 있다고 직격탄을 날린다.

숙종은 안질로도 고생했다. 물론 그 뿌리는 간질환이었다. 1704년(숙종 30) 12월 11일 『숙종실록』은 이렇게 기록하고 있다.

"나의 화증이 뿌리 내린 지 이미 오래고 나이도 쇠해 날로 더욱 깊은 고질이 되어간다."

무릇 사람의 일시적 질환은 고치기 쉽지만, 가장 치료하기 어려운 것은 화증이다. 심지어 1718년(숙종 44) 9월 17일 혼례식을 올린 후 인사 온 왕세자 부부조차 알아보지 못하고 "내가 눈병이 이와 같으니 비록 왕세빈의 얼굴을 보고 싶어도 어떻게 볼 수 있겠는가?"라고 탄식한다.

평생 간질환에 시달려온 숙종의 건강은 50대 중반, 즉 재위 40년을 넘기면서 급속도로 악화된다. 1714년(숙종 40) 4월 27일 『숙종실록』은 "왕의 환후가 7개월 동안 계속되어 증세가 백 가지로 변해 부기가 날로 더해졌다"라고 기록하고 있다. 이처럼 부종이 계속되고 대소변을 제대로 못 보는 날이 계속되자, 5월 3일 유천군 이정李濎이 "성질이 강력한 약을 쓰면 안 된다"라는 어의들의 반대를 무릅쓰고 도수환導水丸이라는 처방을 쓰게 된다. 이 처방이 크게 효험을 보이자, 6월 9일 감탄한 숙종은 스스로 시를 지어 그의 공로를 이렇게 치하한다.

"여덟 달을 온갖 방술方術로 다스렸지만 한 가지 환약으로 빠른 효험 얻었네. 지극한 그 공로 내 마음에 새겨두니 이를 내려 종친에게 은총을 표하노라."

이런 일련의 치료 기록들은 숙종의 병이 간헐적인 게 아니라 지속적인 것이며, 근본적으로 간질환에 뿌리를 두고 있었음을 알 수 있다. 게다가 그 상태가 계속 악화되었음을 알 수 있다. 결국 1719년(숙종 45) 10월 아들 연령군이 사망하자 숙종의 건강은 급속도로 나빠진다. 1720년 5월 7일에는 간경화 말기 증세인 복수가 차오르는 증상이 나타났다. 숙종은 이후 한 달 만에 세상을 떠났다.

"시약청에서 입진했다. 이때 성상의 환후는 복부가 날이 갈수록 더욱 팽창해 배꼽이 불룩하게 튀어나오고, 하루에 드는 미음이나 죽의 등속이 몇 홉도 안 되었으며, 호흡이 고르지 못하고 정신이 때때로 혼수상태에 빠지니, 중외中外(조정과 민간)에서 근심하고 두려워했다."

잊을 수 없는 원수 같은 질환

숙종의 목숨을 빼앗은 병이 간질환이라면, 그의 인생에 가장 큰 영향을 끼친 질환은 두창痘瘡(천연두)이었다. 숙종에게 두창은 잊을 수 없는 질환이자 원수 같은 질환이었다. 첫 부인인 인경왕후 김씨가 두창으로 세상을 떠났고, 그 다음으로 숙종 자신이 두창을 앓았으며, 왕세자인 연령군도 두창에 걸려 고생했다. 그리고 숙종의 어머니 명성왕후 김씨는 숙종의 두창을 치료하기 위해 기도에 나섰다가 무리해 세상을 떠나고 만다.

1683년(숙종 9) 10월 18일 숙종은 두창에 걸린다. 치료는 처음 내의원에서 주도했다. 승마갈근탕升麻葛根湯이라는 처방을 복용한다. 그러나 오히려 발열이 심해지자 두창 전문의인 유상柳瑺이 입시해 치료의 주도권을 잡는다. 이후 열을 내리기 위해 처방을 바꾸어 화독탕化毒湯을 투여해 열을 차츰 가라앉힌 후 『동의보감』에 나오는 보원탕保元湯을 쓴다. 28일 얼굴에 생긴 곪은 종기 때문에 증상이 다시 심해지자, 사성회천탕四聖回天湯이라는 처방으로 바꾸어 투여한다. 29일 숙종은 열이 내리고 얼굴에서 딱지가 떨어지면서 호전되었다가 다시 재발하고 만다.

여러 가지 병이 있었지만, 숙종을 괴롭혔던 질병을 위주로 숙종의 사망 원인을 분석할 필요가 있다. 1676년 9월 25일 숙종은 황달이 생기기 5~6일 전부터 편치 못하다는 말과 함께 식욕 부진을 호소한다. 황달이 갑자기 생기는 증상은 간염과 관련이 있거나, 독극물을 흡입할 경우 생기는 대표적인 증세다. 아마 숙종은 급성 간염에 따른 식욕 부진과 메스꺼움, 구토, 발열, 근육통, 관절통 등의 증상으로 추측된다. 이러한 증상이 먼저 나타난 후에 쓸개즙의 흐름이 원활하지 않아 온몸과 눈이 누렇게 되는 황달이 왔고 그로 인해 입맛을 잃고 무기력하며 몸이 여윈 것으로 보인다.

『숙종실록』을 살펴보면 1709년(숙종 35)부터 1712년(숙종 38)까지 계속해서 숙종의 식욕 부진에 관한 기록이 나온다. 이 원인이 무엇이었을지 몇 가지 가정해볼 필요가 있다. 첫 번째는 전에 앓았던 황달과 연관 지어볼 때 숙종은 만성 간염을 앓았을 가능성이 있다. 만성 간염의 증상은 식욕 부진, 메스꺼움, 구토, 소화불량, 윗배의 불쾌감, 피로감 등이다. 이 기간에 보이는 숙종의 증상과 상당히 유사하다.

두 번째는 1700년(숙종 26)부터 1706년(숙종 32)까지 보이는 담도산통膽道疝痛과 연관 지어볼 때 숙종은 간농양을 앓았을 가능성도 있다. 간농양이란 간에 고름이 생기는 것을 말한다. 담석으로 담관이 막히면 담즙(쓸개즙)이 흐르지 못하게 되고, 여기서 세균이 증식해 곪으면 간농양으로 이어진다. 간농양을 한의학에서는 간옹肝癰이라고 하며, 용어 그대로 간에 생긴 화농성 종기라는 뜻이다. 종기는 꼭 피부에만 생기는 것이 아니라 오장육부에도 생길 수 있다.

종기로 고생하다

숙종은 간뿐만 아니라 하복부에 난 종기로 고생했다. 1705년(숙종 31) 9월에는 오른쪽 엉덩이에 종기가 났고, 11월에는 왼쪽 엉덩이에도 종기가 생겼다. 1706년 1월에는 장강혈長强穴 아래에 종기가 나서 침을 맞았다고 한다. 장강혈이란 항문과 꼬리뼈 사이에 있는 혈자리다. 따라서 장강혈 아래의 종기란 항문과 직장 주위에 생기는 종기인 항문 주위 농양을 말하는 것으로, 한의학에서는 이를 현옹懸癰이라고 한다.

1709년 11월에는 왼쪽 난문혈闌門穴에 멍울이 잡혀서 침과 뜸을 시술했다고 한다. 난문혈이란 샅, 곧 아랫배와 허벅다리 사이를 말한다. 난문혈에 습한 기운이 오래 머물러서 생긴 끈끈한 체액이 몰려 멍울이 생겼다면, 이는 샅의 피부 안쪽 림프선에 생긴 종기로, 화농성 림프절염 정도로 볼 수 있다. 한의학에서는 이를 변옹便癰이라고 한다.

이처럼 숙종의 종기는 그 위치가 엉덩이, 항문 주위, 아랫배, 허벅다리 사이다. 모두 하복부에 자리 잡고 있다. 그리고 발생한 시기도 1705년, 1706년, 1709년으로 담석과 간염, 간농양이 의심되는 시기인 1700년에서 1712년 사이다.

간과 항문의 종기는 간과 대장의 관계로 풀어볼 수 있다. 간과 대장은 서로 통하며『동의보감』에서도 "간이 병들면 대장을 치료해 잘 통하게 하고 대장이 병들었을 때에는 간을 치료해 고르게 하라"고 했다. 숙종의 간에 쌓인 문제가 대장의 끝인 항문에서 드러난 것은 아닐까 의심해볼 수 있다.

간과 아랫배와 허벅다리 사이 종기의 관계는 경락의 흐름으로 풀어볼 수 있다. 간의 경락은 발가락에서 시작해 다리 안쪽을 타고 흐르다가 생식기와 허벅다리를 거쳐 복부로 올라가 간까지 연결된다. 곧 간과 생식기와 허벅지는 경락으로 이어져 있다. 현대의학에서는 간에서 증식한 세균이 혈관을 타고 항문으로 옮아가고, 림프절을 타고 허벅지로 옮아간 것으로 설명할 수 있다.

숙종의 사타구니에 생긴 혹 또는 종기는 바이러스성 질환이거나 악성 종양일 가능성이 높다. 몸 어디에서나 생기는 임파선 종대처럼 아랫배와 허벅다리 사이에 생기는 부기는 감염증, 바이러스성 질환, 임파절의 종양이나 다른 부위에서 전이된 암에 의해 임파선이 증대되어 생긴 것으로 보인다. 그렇다면 성병이나 간암

숙종은 종기로 고생했는데, 그 시기가 담석과 간염, 간농양이 의심되는 시기와 비슷하다. 〈숙종 어필 서예 탑본 12폭 병풍〉. (국립중앙박물관 소장)

으로 전이된 임파선 종대로 생겼을 확률이 높다.

숙종은 1717년(숙종 43)부터 1719년까지 눈이 잘 보이지 않는다고 고통을 호소했는데, 이는 노화로 인한 백내장일 가능성이 많다. 누구나 잘 알고 있듯이 간과 눈은 서로 연결되어 있다. 그래서 백내장은 곧 간의 병이라고 한다.

이와 같은 숙종에게 나타난 대표적인 증상, 즉 오른쪽 윗배 통증, 체중 감소, 복부 팽만감, 소화불량, 만성적인 피로감, 황달과 복수 등을 살펴볼 때 간암이 악화되어 사망한 것으로 보인다.

생모의 비극적인 죽음

경종은 1688년(숙종 14) 숙종과 희빈 장씨 사이에서 태어났다. 숙종이 사망하자 1720년 33세의 나이로 왕위에 올랐으나, 1724년(경종 4) 37세의 나이로 세상을 떠났다. 경종은 세자 때부터 갖은 수난을 겪어야 했다. 아버지 숙종이 자신의 어머니 장희빈에게 사약을 내리는 것을 지켜보았으며, 생모를 잃은 비통한 심정과 자신에 대한 공격이 시작될 것이라는 공포에 질려 시름시름 앓았다. 경종의 재위 기간은 불과 4년 2개월밖에 되지 않는다. 게다가 재위 4년 내내 병치레만 했다.

경종의 죽음에 대해 꼬리에 꼬리를 물고 이어진 독살설의 원동력은 당쟁이라는 이름의 권력 투쟁이었을 것이다. 어쨌든 경종은 자식 하나 남기지 못하고 질병에 시달리다가 세상을 떠났다.

경종은 세자 시절이었던 20대에 이미 비만한 체형이었으며, 왕실 관료들의 걱정이 이만저만이 아니었다. 『승정원일기』는 경종이 26세이던 1713년(숙종 39)에 이미 세자가 '비만태조肥滿太早'하다고 기록하고 있다. 아주 일찍부터 살이 쪘다는 뜻이다. 1722년(경종 2) 8월 18일 『승정원일기』에도 '성체비만聖體肥滿(왕이 살이 쪘다)' 같은 표현이 나온다.

경종은 살이 찐 만큼 더위를 많이 타고 땀이 많이 나는 체질이었으며 그것과 관련된 질환을 앓았다. 비만은 정자의 활동력을 저하시키고 호르몬 불균형을 유발한다. 또 성욕 감퇴와 성기능 장애를 유발시켜 남성의 생식력을 떨어뜨리는 주요 요인이 된다.

많은 사람은 경종의 질병에 대해 어머니 장희빈의 비극적 죽음과 관련이 있다고 말한다. 1701년(숙종 27) 아버지의 명에 따라 생모가 죽는 모습을 목격한 것은 경종에게 엄청난 정신적 충격을 주었을 것이다. 설령 자연사나 병사라고 할지라도 부모를 잃는다는 것은 큰 슬픔이다. 그런데 어린 소년이 어찌 아무렇지도 않을 수 있겠는가? 이 사건은 경종의 정신적·신체적 건강에 상당한 영향을 끼쳤던 것으로 보인다.

경종은 14세에 어머니를 잃었지만, 이것이 곧바로 큰 질병으로 이어지지는 않았다. 『승정원일기』는 단지 그다음 날 저녁부터

경종은 어머니가 죽는 모습을 목격한 후 엄청난 정신적 충격을 받았다. 경기도 고양시 서오릉에 있는 장희빈의 묘.

왕세자의 등과 배에 홍반紅斑이 일어나서 청기산淸氣散이라는 두드러기 치료제를 처방해서 좋아졌다는 보고와 함께 슬픔과 탄식으로 울음을 그치지 않았다는 기록만 건조하게 남겨놓고 있다.

게장과 생감

경종의 질병 치료에는 이공윤李公胤이 주도권을 쥐었다. 그는 조선 후기의 명의로 알려져 있지만, 언제 태어나고 죽었는지는 알려져 있지 않다. 그가 바로 경종을 독살했다는 사람이다. 1724년(경종 4) 8월 2일 경종의 병이 위급해지자 "왕의 겉모습은 왕성하나 비위 등 내장이 허했고, 음식을 싫어하는 날수가 오래되어 마침내 한열寒熱(오한과 발열)의 증세가 발생했다"라고 한다. 그래서 도인승기탕桃仁承氣湯을 계속해서 백 수십 첩을 올렸다.

그러나 경종의 병은 나아지지 않자 사헌부는 이공윤을 벼슬아치 명부에서 삭제할 것을 강력히 주청했다. 그럼에도 경종이 세상을 떠날 때까지 진료를 담당한 사람은 이공윤이었다. 그의 처방은 계속되었다. 8월 19일 경종의 식욕이 줄어들고 원기가 떨어지자, 비위를 보호하는 육군자탕六君子湯을 처방했다. 20일에는 게장과 생감을 먹였다. 그리고 나서 5일 후 세상을 떠났다.

게장과 생감을 먹은 경종이 밤에 갑자기 가슴과 배가 조이듯이 아프다는 통증을 호소한 것이다. 복통과 설사가 계속되자 곽향정기산과 두시탕豆豉湯 등을 처방했다. 하지만 차도가 없었다.

이 상황에서도 이공윤의 호언장담은 계속되었다.

이공윤은 경종의 설사를 그칠 수 있다고 하면서 24일 계지마황탕桂枝麻黃湯을 처방한다. 계지마황탕 속의 마황은 허약한 사람에게는 결코 투여할 수 없는 약물이다. 마황의 별명은 청룡靑龍이다. 용처럼 에너지를 뿜어내면서 땀을 내게 만드는 무서운 약이다. 계지마황탕을 먹은 후 경종의 환후는 더욱 위태로워졌고 맥까지 약해졌다. 왕세제(영조)가 나서서 인삼과 부자附子로 위장의 온기를 올리는 처방을 해야 한다고 주장했다. 이공윤은 이때도 다시 한번 조목조목 따지며 반대 의견을 피력했다.

"삼다蔘茶(인삼)를 많이 쓰면 안 됩니다. 내가 처방한 약을 진어하고 다시 삼다를 올리게 되면 기를 능히 움직여 돌리지 못할 것입니다."

하지만 인삼을 먹고 난 경종의 눈빛은 좋아졌고 콧등도 따뜻해지면서 반정의 기색을 보였다. 그러자 흥분한 왕세제가 강하게 힐책한다.

"지금이 어느 때인데 꼭 자기의 의견을 세우려고 인삼 약재를 쓰지 못하도록 하느냐?"

그런데 경종의 질병 중에 주목해야 할 병이 있다.『경종실록』에 따르면 경종은 "형용하기 어려운 질병"을 앓고 있었다고 한다.『경종실록』에 경종의 '이상한 질병'에 대해 언급하는 대목이 나온다. 1721년(경종 1) 7월 20일 "나는 말을 떠듬거리는 병이 있어서 유신儒臣들이 친히 제사 지내기를 청할 때에 다릿병이 있어서 억지로 행하기가 어렵다"라고 하교한 바도 있었다. 또 10월

경종은 게장과 생감을 먹은 후 가슴과 배가 조이듯이 아프다며 통증을 호소했다. 서울시 성북구에 있는 경종과 선의왕후 어씨의 능인 의릉.

10일 경종은 이렇게 말한다.

"내가 이상한 병이 있어 10여 년 이래로 조금도 회복될 기약이 없다."

1722년(경종 2) 3월 17일의 기록은 이렇다.

"입진이 끝나자 도승지 김시환金始煥이 공사公事를 가지고 와서 읽는데 잠시 후에 왕의 화열이 갑자기 오르고 심기가 폭발했으므로, 여러 신하가 놀라 두려워하며 물러갔다."

1724년 8월 2일에는 이런 기록도 나온다.

"왕이 동궁에 있을 때부터 걱정과 두려움이 쌓여 마침내 형용하기 어려운 질병을 앓았고, 해를 지낼수록 깊은 고질이 되었으며, 더운 열기가 위로 올라와서 때로는 혼미한 증상도 있었다. 그래서 계속 내의원에서 올린 약제를 복용했으나 아무런 효험이 없었다."

발작성 경련과 간질

형용하기 어렵고 치료하기도 어려웠던 이 이상한 질병의 정체는 무엇일까? 이 병을 유추할 수 있는 유일한 증거는 경종이 왕위에 오른 후 집중적으로 복용한 약물을 통해 알 수 있다. 경종이 복용한 약물은 가미조중탕加味調中湯이다. 1720년부터 복용하기 시작했고, 1722년과 1723년에도 각각 150첩 이상 복용한 것으로 추정된다. 어떤 일에도 잘 나서지 않고 적극성을 보이지 않던 경종이 작심한 듯 계속 지어 올릴 것을 의관들에게 주문한다. 그만큼 약효가 좋았다는 것이다.

경종을 위해 조제된 소조중탕小調中湯과 곤담환滾痰丸의 공통적 목적은 전광癲狂 또는 전간癲癇을 치료하는 데 처방한다고 『동의보감』은 기록하고 있다. 숙종의 계비 인현왕후의 둘째 오빠 민진원閔鎭遠이 궁중에서 일어난 사건을 기록한 『단암만록』에 경종의 광증에 대한 기록이 있다.

"숙종 사망 시 곡읍을 하는 대신 까닭 없이 웃으며, 툭하면 오줌을 싸고 머리를 빗지 않아 머리카락에 때가 가득 끼어 있었다."

경종의 간질 증상을 유추할 수 있는 다른 기록은 『숙종실록』 1689년(숙종 15) 11월 8일의 기사다. 그 기사에는 경휵이라는 단어가 나온다.

"이때 원자에게 경휵驚搐의 증세가 있어 약방의 여러 신하가 청대請對해 조양調養하는 방법을 갖추어 올렸다."

여기서 경驚은 놀란다는 뜻이고 휵搐은 경련이 일거나 쥐가 난다는 뜻이다. 즉, 발작성 경련과 간질을 가리키는 말이다.

경종에게 간질은 직접적인 사망 원인은 아니지만, 정신적으로 많은 고통을 주었을 것이다. 경종의 직접적인 사망 원인은 며칠 동안 계속된 가슴과 배의 통증으로 인한 복통과 설사였다. 이공윤이 올린 계장과 생감, 자신의 처방과 상극이라고 진단한 의원을 윽박질러가며 올린 인삼차는 대비(인원왕후 김씨)와 왕세제의 과거와 관련되어 무수한 뒷말을 낳기에 충분했다.

영조

1694~1776
재위 1724. 8~1776. 3

두 얼굴의 왕

영조는 경종의 이복동생이다. 1694년(숙종 20) 숙종과 숙빈 최씨 사이에서 태어났으며, 이름은 금昑이다. 영조가 태어난 곳은 창덕궁의 보경당이었다. 영조가 태어나기 3일 전에 창덕궁 위로 붉은빛이 드리우고 하얀 구름이 그 주위를 감쌌다고 한다. 또 이 날 밤에 한 궁인이 꿈을 꾸었는데, 흰 용이 보경당에 날아들었다고 한다. 물론 이런 말들은 훗날 『영조실록』을 작성한 손자 정조에 의해 꾸며낸 이야기일 것이다.

무려 52년 동안 왕위를 지키며 83세까지 장수한 영조는 조선 최고의 번영기를 구가했지만, 자식을 뒤주에 가둬 죽인 비정한 아버지라는 두 얼굴의 왕으로 알려져 있다. 평생 비천한 무수리(숙빈 최씨)의 자식이라는 콤플렉스를 안고 산 불행한 왕이기도 했다.

영조는 여자 복도 자식 복도 없는 왕이었다. 영조는 왕비 2명과 후궁 4명을 두었는데, 이들에게서 2남 7녀를 얻었다. 하지만 적자와 적녀는 없었고, 영조보다 오래 산 아들은 1명도 없었다. 또 딸 7명 중에서도 영조보다 오래 산 딸은 3명이었다.

영조는 어릴 때부터 죽을 때까지 한약을 달고 살았다. 조금만 찬 음식을 먹어도 배탈이 났고, 소화불량에 시달렸으며, 아랫배 통증 때문에 소변을 보기 어려워했다. 『영조실록』에 기록된 영조의 질병을 살펴보면, 왕자로 있을 때(1711년, 18세)에 두창을 앓았다는 기록이 있다. 1721년(경종 1) 8월에 28세의 나이로 왕세제로 임명을 받았는데, 12월에 환관에게 죽임을 당할 뻔한 일이 있었다.

83세가 되던 해인 1776년 1월에는 약방의 입진 기록이 나타날 뿐 별다른 질병 관련 기록이 보이지 않는다. 영조는 사망 이틀 전인 3월 3일만 해도 낮에 하교도 하고 의식이 있었는데, 저녁부터 상황이 악화되었다.

약방에서 계귤차桂橘茶 한 첩을 처방한 것을 보면 가래가 있었던 것으로 보인다. 이후 영조가 집경당集慶堂에 나아가니, 약방에서 입진했고, 계귤차와 건공탕建功湯에 부자 한 돈을 더해 달여 들

영조는 무려 52년 동안 왕위를 지키며 83세까지 장수했지만, 자식을 뒤주에 가둬 죽인 비정한 아버지라는 두 얼굴의 왕이었다. 영조 어진.
(국립고궁박물관 소장)

였다. 그러자 왕세손(정조)이 울며 말했다.

"근일 왕의 몸 상태는 가래와 어지러움이 더 심한데, 천식이 또 나타나시고 헛소리 등의 증후가 있어, 아주 어쩔 줄 모르겠다. 헛소리의 증후가 조금 그치면 마치 잠드신 듯한 때가 혹 한나절 또는 두어 시각을 지나는데, 이러한 때에는 차와 음식을 권하기 어렵다. 오늘은 경들이 입시했으니 의관을 시켜 진찰하라."

평소 노령의 나이에도 비교적 건강했던 영조는 3월 5일 가래, 어지럼증, 천식, 헛소리, 손발이 차가운 증상으로 병세가 악화되어 사망했다. 사실 병세가 악화되었다기보다 흔히 나이가 들면 찾아오는 노환의 증세다.

"회충은 사람과 함께 사는 인룡이다"

영조가 앓은 질병은 대부분 소화력 부진이나 목통目痛을 느끼는 한랭성 질환이었다. 그러나 궁궐 밖에서 생활했을 때 두창을 크게 앓은 것을 제외하면, 큰 병에 걸리지 않았기 때문에 딱히 사망에 이르게 한 질병이 없다고 할 수 있다. 다만 영조를 괴롭힌 질환을 찾으라고 한다면 그것은 산증이다. 왕세자 시절에는 산증이 심해서 경연을 자주 쉬어야 할 정도로 통증이 심했다.

『동의보감』은 "산증은 전음前陰에 속한다. 전음은 종근宗筋이 모이는 곳이며 종근이란 음부의 털이 나는 곳에 가로놓인 뼈의 위아래에 있는 힘줄이다"라고 설명한다. 즉, 양쪽 가랑이 사이에 있는 굵은 힘줄을 말한다. 『승정원일기』 1724년 10월 12일 기사를 보면, 영조가 산증이 생긴 원인을 자세히 설명하고 있다.

"18세 때 잠저에서 걸린 두창 이후에 처음에는 산기가 있음을 알지 못하고, 체기가 있어 청열소도지약淸熱疎導之藥을 많이 복용해 하부가 차갑고 해역咳逆이 병발竝發해서 독음獨陰에 뜸을 뜨고 방풍산防風散을 써서 효과를 보았으나 그 찬 약이 문제였다."

그로부터 50년이 지난 1774년(영조 50) 5월 8일에도 이 문제를 다시 언급하는데, 18세 때 잠저에서 걸린 두창을 치료하기 위해 쓴 우황牛黃과 찬 약이 산증을 유발했다고 회고한다.

사실 아버지 숙종도 소변 문제로 고생했다. 영조는 찬 약물이나 생활 습관에서 산증의 원인을 찾았지만, 『동의보감』은 이 병의 원인을 화병에서 찾는다. 다시 말해 화병을 산증의 원인으로 꼽는 것이다.

"대체로 성을 몹시 내면 간에 화가 생긴다. 화가 몰린 지 오래되면 내부가 습기로 차가워지며 통증이 심해진다."

영조는 숙종만큼이나 불같은 성격이었다. 성격이 급하고 감정적이고 눈물도 많았다. 게다가 신하들에게 대놓고 욕을 퍼붓기도 했다. 심지어 종묘보다 어머니 숙빈 최씨 사당을 먼저 가서는 안 된다고 신하들이 말하자, 한겨울에 연못에 발을 담그고 이대로 빠져죽겠다고 울기도 했다. 그래서 찬 음식이나 찬 약을 먹어 그렇다는 자가 진단과 달리 영조 역시 각종 스트레스로 인한 화병에 시달렸다.

영조는 회충 때문에도 고생했다. 그 때문에 생기는 위로 치밀어 오르는 듯한 느낌과 구역감을 회기蛔氣라고 하는데, 이 증상은 1742년(영조 18) 3월 23일 처음으로 나타난다. 영의정 김재로金在魯는 여느 때와 다름없이 영조에게 문안 인사를 드렸다. 영조는 지속적으로 어지럼증이 있기 때문에 대신들은 문안할 때 어지럼증을 가장 먼저 확인했다. 그런데 영조는 그동안 한 번도 이야기하지 않았던 뜻밖의 대답을 한다.

"특별히 더 어지럽지는 않았다. 그것보다도 최근에 소화기가 약해진 것 같아 여러 번 담痰을 토했는데, 이전에 토했던 것과 달리 꿈틀거리는 것이 있어 살펴보니 회충이 있었다."

생전 처음으로 회충을 토한 영조는 회충이 올라올 때마다 사군자四君子라는 약재를 달여 먹기로 했다. 사군자의 효과 덕분인지 영조가 회충을 토한 사건은 한 번의 해프닝으로 마무리되는 듯싶었지만, 2년이 지난 1744년(영조 20) 4월 14일 다시 회충을 토한다. 이때는 생강차를 달여 먹으며 회충을 다스렸는데, 그 효과도 4년 정도밖에 지속되지 않았다.

1748년(영조 24) 6월 15일 다시 회충을 토하고 싶은 느낌을 이야기했고, 마침내 1749년(영조 25) 5월 12일 회충을 토하게 된다. 그리고 1753년(영조 29) 5월 15일 영조는 급히 신하들을 불러 모아 이야기한다.

"회충의 기운이 너무 심해서 그저께 회충을 토하고 초경(저녁 7~9시) 후에 또다시 회충을 토하고 콧구멍 밖으로 나오는 지경에 이르렀다."

1759년(영조 35) 1월 21일 내의원 제조 이창수李昌壽가 여느 때와 같이 회충의 증상에 대해 문안하자 영조가 대답한다.

"회충이 나오지 않았는데, 목구멍에 걸려 있는 느낌이다. 회충을 사람 안에 용이라고 하지 않느냐?"

영조는 몸 속에 회충이 있다는 것을 인정한다. 그 후 뱃속 가득히 회충이 있음을 느끼며, 수차례 회충을 토했다. 처음 회충을 토할 때는 많이 놀랐던 영조가 이 시기에는 가슴속이 뻥 뚫린 것 같다고 좋아하기도 하고, 회충이 목구멍에 걸려 있을 때 내관에게 빼내게 하면 내관이 놀라서 물러나는 것을 보며 웃기도 한다. 1761년(영조 37) 12월 14일 영조가 회충을 토하면서 말했다.

"방금 목구멍이 가려워 회충이 나오니 가슴이 뚫린 것 같다. 회충은 사람과 함께 사는 인룡人龍이니 천하게 여겨서는 안 된다."

천수를 누리다

한의학에서는 회충으로 인해 생기는 질환을 회궐蛔厥이라고 하는데, 이것이 위장이 차서 생긴다고 보았다. 그래서 회충을 치료하는 약물은 모두 매운 맛이 난다. 위장의 온기가 떨어지면 회충이 살기 좋아지니 위장을 따뜻하게 해서 회충을 몰아내려는 것이다.

영조는 회충을 물리치기 위해 이중탕理中湯에 산초와 빈랑을 달인 물로 오매환烏梅丸(오매, 황련, 당귀, 산초, 세신, 부자, 계피, 인삼을 넣어 제조한 환약)을 만들어 먹었다. 그리고 어의들은 위장의 온기를 보태기 위해 뜸 치료를 적극적으로 권했다. 영조도 자신의 건강상 약점이 소화기에 있음을 잘 알고 있었기 때문에 연제법煉臍法으로 이것을 극복하고자 애썼다. 연제법은 배꼽을 뜸질하는 것인데, 쑥뜸과 피부 표면 사이에 소금이나 약재를 넣어 열기가 피부에 직접 닿아 상처를 내거나 고통을 주지 않도록 하는 것이다. 그러나 이러한 치료법도 영조에게는 큰 효험이 없었던 것으로 보인다.

어쨌든 영조는 그런 잔병에도 천수를 누리다가 세상을 떠났다. 영조가 장수한 것은 자기 관찰을 통한 철저한 몸 관리에서 그 원인을 찾을 수 있다. 누구나 잘 알고 있듯이 가장 일반적인 건강법은 일찍 자고 일찍 일어나며 모자란 듯 음식을 먹는 것이다. 새로울 것도 없고 신기할 것도 없다. 영조는 건강의 지혜를 실천하기 위해 의식적으로 노력했다.

영조는 국가적 위기 상황이 벌어지거나 신하들과 갈등할 때면 종종 반찬을 간장 한 종지만 내놓게 하는 식으로 가짓수를 줄이거나 단식 투쟁을 하기도 했지만, 시간과 방법을 정해놓고 지나치는 법이 없었다. 그리고 제때 식사를 챙겨 먹었다. 심지어 신하들과 한창 논쟁을 하다가도 식사 때가 되면 신하들은 굶게 놔두고 식사하러 가기도 했고, 아들 사도세자를 굶겨 죽일 때도 자신의 식사는 챙길 정도였다.

또 영조는 소식을 했다. 보통 조선의 왕들이 다섯 차례 먹던 것을 세 차례로 줄였다. 너무 적게 먹는 것도 너무 많이 먹는 것도 피했던 것이다. 또 자신의 건강에 도움이 된다면 어떻게든 그것

영조는 회충으로 고생했지만, 천수를 누리다가 세상을 떠났다. 경기도 구리시에 있는 영조와 정순왕후 김씨의 능인 원릉.

을 반드시 구해 먹었다. 영조는 정치 문제와 자신의 건강 문제를 구분할 줄 알았던 현명한 왕이었다.

정조

1752~1800
재위 1776.3~1800.6

아버지의 죽음을 보다

정조는 1752년(영조 28) 사도세자와 헌경왕후 홍씨 사이에서 태어났으며, 이름은 산(祘)이다. 정조가 태어나기 전에 아버지 사도세자는 신령스러운 용이 구슬을 안고 침실로 들어오는 꿈을 꾸었다. 사도세자는 깨어난 뒤 직접 꿈에서 본 그대로 그림을 그리고 궁중 벽에 걸어놓았다고 한다. 사도세자의 아들이 태어났다는 소식을 듣고 영조는 직접 거둥해 아이를 보고 매우 기뻐하며 헌경왕후에게 이렇게 말했다.

"이 애는 나를 무척 닮았다. 이런 애를 얻었으니 종사에 근심이 없게 되지 않았느냐?"

 영조는 그날부터 정조를 원손元孫으로 부르게 했다. 정조는 이렇게 영조의 귀여움을 받고 자랐지만, 삶은 결코 평탄하지 않았다. 아버지 사도세자와 할아버지 영조 사이에 불화가 있었는데, 정조가 11세가 되는 해(1762년)에 그 불화는 폭발하고 만다. 아버지의 광기를 참지 못한 할아버지는 아버지를 죽이려고 잡아갔고, 이 소식을 들은 정조는 어떻게 해서든 아버지를 구해야 한다는 일념으로 달려갔다. 정조는 땅을 기어가며 울부짖었지만, 아버지는 뒤주 속에 들어간 지 8일 만에 숨을 거두었다. 이후 정조는 아버지를 아버지라고 부를 수 없었다.

 영조는 사도세자를 죽인 후 이 사건에 대한 자신의 평가를 담은 『금등지서金縢之書』를 작성했다. 사도세자의 죽음에 대한 일종의 후회인 셈이다. 이 후회가 영조에 대한 정조의 효도와 맞물리면서 영조와 정조의 대립을 방지해주었던 것이다. 영조는 시종일관 정조를 옹호했다. 그리고 정조가 장성할 때까지 버텨주었다.

 영조는 정조가 25세가 될 때까지 굳건히 살아서 마침내 그에게 왕위를 물려주고 죽었다. 정조는 무려 14년 동안 죽음의 공포에 시달리며 자신을 지켜내 왕위에 올랐다. 그가 왕위에 올랐다는 것은 곧 아버지에 대한 복수가 시작됨을 예고하는 일이었다.

 정조가 왕위에 오른 뒤 가장 먼저 제거한 세력은 그의 즉위에 반대한 자들, 즉 자신의 외가인 남양 홍씨 홍인한洪麟漢과 홍계능洪啓能 등이었다. 이어 영조가 정조에게 아버지의 원수라고 지목한 김상로金尙魯와 조카 정조를 죽이기에 혈안이 되었던 고모 화완옹주와 그의 양자 정후겸鄭厚謙, 화완옹주와 결탁해 세손 시절 정조를 모함했던 영조의 후궁 숙의 문씨 등을 축출했다. 정조는 그들을 유배 보내거나 죽였다.

아버지를 죽게 한 사람들에게 보복을 감행한 정조는 곧이어 아버지의 명예회복을 시도했다. 미치광이 세자가 아니라 정치적 모략으로 희생된 가련한 세자로 부활시키려는 것이었다. 그래서 '사도'라는 시호 대신 '장헌'이라는 시호를 올렸다. 그리고 재위 기간에 여러 차례 아버지를 왕으로 추존하려고 했다.

담배 애연가

정조는 진정한 담배 애연가였다. 정조의 문집 『홍재전서弘齋全書』에는 담배의 별칭인 남령초南靈草에 대한 예찬이 나온다.

"화기火氣로 한담寒痰을 공격하니 가슴에 막혔던 것이 자연히 없어졌고, 연기의 진액이 폐장肺腸을 윤택하게 하여 밤잠을 편안하게 잘 수 있었다. 정치의 득과 실을 깊이 생각할 때 뒤엉켜서 요란한 마음을 맑은 거울로 비추어 요령을 잡게 하는 것도 그 힘이며, 갑이냐, 을이냐를 교정해 퇴고할 때에 생각을 짜내느라 고심하는 번뇌를 공평하게 저울질하게 하는 것도 그 힘이다."

엄청난 격무 속에서도 담배 한 대를 물고서 느긋하게 휴식을 즐긴 왕이었지만, 담배의 화기는 결국 그의 건강에는 엄청난 악

영향을 끼쳤을 것이다. 평생 화증을 경계하며 두려워했던 정조가 담배의 화기는 입에 물고 살았던 것이다.

『정조실록』에 기록된 정조의 질병은 의외로 많지 않다. 정조는 세손 시절인 10세 때 두창을 앓았고, 14세가 되던 1765년(영조 41) 11월과 12월에는 건강이 좋지 않았다. 15세와 23세 때도 병세가 심해 혼미한 증상이 있었다. 28세 때는 각혈이 있었으며, 30세 때는 격체膈滯로 건강이 좋지 못했다. 33세 때는 체한 증세가 있었다.

43세 때는 머리에 부스럼이 났고 한동안 불면증이 있었으며, 두통과 진독疹毒이 뻗친 데다 이질 증상도 있었다. 46세 때는 가슴에 불편한 증상이 있었다. 47세 때는 화성華城 행궁行宮에 갔다가 건강이 좋지 못했는데, 매년 이 행차 때마다 무탈하게 왕래한 적이 없었다.

49세 때는 종기가 났는데, 자신은 가슴에 해묵은 화기가 있다고 말했다. 종기 증상은 고름이 나오고 등골뼈 아래쪽부터 목 뒤 머리가 난 곳까지 여기저기 부어올랐는데, 그 크기가 어떤 것은 연적硯滴만큼이나 크며, 병이 오래되어 원기가 점점 약해졌다. 정조는 종기 부위가 당기고 아프며 입맛이 없고 열기가 오르는 증상이 심해졌다. 잠깐 동안 잠을 잘 때, 속적삼과 잠자리에 몇 되나 되는 피고름이 저절로 흘러나오기도 했다. 정조는 마침내 종기가 악화되어 세상을 떠났다.

정조의 사망 원인이 종기였음을 『정조실록』은 기록하고 있는데, 이에 대해 좀더 상세하게 살펴볼 필요가 있다. 정조의 얼굴에

정조는 진정한 담배 애연가였다. 엄청난 격무 속에서도 담배 한 대를 물고서 느긋하게 휴식을 즐겼다. 경기도 화성시에 있는 정조와 효의왕후 김씨의 능인 건릉.

는 작은 종기들이 곧잘 생겼다. 즉위한 해인 1776년 6월 코 근처에 작은 종기가 생기더니 1779년(정조 3) 5월에 또 코에 종기가 생겼다. 2년 후인 1781년(정조 5)에도 얼굴에 종기가 났고, 1782년(정조 6) 4월과 7월에는 눈꺼풀과 미간에 작은 종기가 생겼다.

1790년(정조 14) 6월에 얼굴에 크기가 작은 종기가 여럿 생겼고, 1793년(정조 17) 5월에는 눈썹, 머리, 귀밑머리, 턱 부위까지 종기가 나서 상당 기간 고생했다. 1794년(정조 18) 6월부터 8월 사이에도 머리, 이마, 귀밑머리 부위에 작은 종기가 생겼다.

종기로 고생하다

정조는 즉위 초부터 종기로 크고 작은 고생을 했는데, 정조의 종기에는 공통점이 두 가지 있다. 첫째는 대부분 얼굴 부위에 생겼다는 것이고, 둘째는 주로 여름에 생겼다는 것이다.

정조는 체질적으로 여름의 무더위를 힘들어했다. 또한 붕당정치에 희생되어 억울하게 죽어야 했던 아버지에 대한 사무친 마음과 여전히 당쟁을 일삼는 신하들에 대한 분노를 삭히면서 탕평책을 추구했던 정조의 가슴속에는 화가 끓어오르고 있었다. 그래서 정조는 유독 여름에, 그리고 얼굴 부위에 종기가 생겼던 것이다.

운명의 시간은 1800년(정조 24)에 찾아왔다. 6월 14일, 『정조실록』에 정조의 종기에 관한 기록이 등장한다. 10일 전부터 머리와 등에 생긴 종기에 붙이는 약을 썼으나 효험이 없으니 내의원 제조를 불러들이라는 명이 내려졌다. 이날부터 『승정원일기』는 하루하루 왕의 긴박한 상황을 상세하게 전한다.

15일과 16일에 심한 열이 올랐다. 20일에 어깨에서 뒷목까지 당기고 통증이 느껴졌다. 21일에 환부가 심하게 부어올라 통증이 느껴지고, 몸이 오슬오슬 춥고 떨리며 열이 났다. 고름이 나오고 갈증도 느껴졌다. 23일에 등에 난 종기는 그 크기가 연적만하게 되었다. 열은 계속되었다.

24일, 여름철의 푹푹 찌는 무더운 날씨가 정조를 더욱 괴롭혔다. 25일, 피고름이 몇 되 쏟아졌다. 26일, 통증도 여전했고 고름도 계속되었다. 이 무렵 정조와 신하들은 한 가지 사안을 놓고 대립각을 세우고 있었다.

정조는 스스로 의술에 상당한 식견을 가지고 있었다. 그래서 늘 자신의 증상을 말하고 어떤 처방을 쓸지 신하들과 토론했다. 이번에도 정조는 자신의 증상에 어떤 처방을 쓰면 좋을지 신하들과 토론을 거쳐 결정을 내렸다.

왕의 환부에서 고름이 계속 쏟아지니 의관들과 신하들은 의논 끝에 처방전을 내렸지만, 정조는 반대 의견을 피력했다. 왜냐하면 이 처방전에는 모두 인삼이 공통으로 들어가는데, 자신은 인삼을 먹으면 안 되는 체질이라고 보았기 때문이다. 『수민묘전壽民妙詮』이라는 의서를 저술할 만큼 정조는 의술에도 조예가 깊어 이를 반대한 것이었다.

그러나 정조의 반대를 무릅쓰고 인삼이 들어간 경옥고가 결국 올라왔다. 27일, 이시수李時秀가 밤사이 병세에 대해 묻자, 정조는 "어젯밤을 지샌 일은 누누이 다 말하기 어렵다"라고 답한다. 다시 악화된 것이다. 의원들은 "열은 조금 내려갔으나, 맥박이 부족하다"라는 데 의견을 같이했다. 그러나 이날부터 정조의 정신이 혼미해지는 증상이 나타났다.

28일, 운명의 날이 밝았다. 좌의정 심환지沈煥之 등이 와서 밤사이 병세를 묻자, 정조는 "새벽이 되어서야 조금 잤다"라고 말했다. 또 정조가 전혀 먹은 것이 없다고 하자 인삼차를 들여와 마셨다. 낮에는 지방에서 차출된 의원들이 진찰한 결과를 바탕으로 지어 올린 탕약을 먹었다. 인삼이 3돈이나 들어간 가감내탁산加減內托散이었다.

정조는 창경궁 영춘헌으로 거둥해 신하들을 접견하기도 했지만, 그만 병세가 위독해지면서 쓰러졌다. 정조가 쓰러지기 직전 뭐라고 말을 하려 해 잘 들어보니 '수정전壽靜殿'이라는 말이었다. 왕대비 정순왕후가 거처하는 곳이다. 그것이 정조의 마지막 음성이었다.

혜경궁 홍씨도 이 소식을 듣고 세자(순조)와 함께 달려왔다. 이시수가 급히 성향정기산星香正氣散을 숟가락으로 떠 입안에 넣어보려고 했으나 의식을 잃은 정조는 토해낼 뿐이었다. 또 인삼차와 청심원을 올렸으나 정조는 그것도 마시지 못했다. 의원이 맥을 짚은 뒤 "맥도脈度로 보아 이미 가망이 없습니다"라고 말했다. 영춘헌에서는 울음소리가 진동하기 시작했다. 유시(오후 5~7시)

였다. 종기가 생긴 지 겨우 24일 만에 정조는 너무나 황망하게 세상을 떠나고 만 것이다.

정신이 혼미해지는 증상

정조는 화병에 안 좋은 인삼이 들어간 경옥고를 먹고 죽은 것이 사실일까? 정조는 어느 여름 소량의 인삼이 들어간 처방을 받았는데, 이 약을 복용하자 바로 코가 막히면서 종기가 생기는 부작용이 나타났다. 이때 정조는 자신의 체질과 인삼이 맞지 않는다는 것을 몸소 느꼈다. 1800년 6월 『승정원일기』에는 이렇게 기록되어 있다.

"내가 일전에 여름철 더윗병으로 인해 육화탕 세 첩을 복용한 적이 있었는데, 여기에는 인삼 5푼이 들어가 있었다. 한 첩을 복용하자 바로 코가 막히기 시작했고, 두 첩을 복용하자 코에 종기가 생겨났다. 그 후에는 가슴과 등에 종기가 퍼져 버렸다."

인삼의 성질은 따뜻해서 혈류를 촉진하는 작용을 한다. 감염균이 득세하고 있는 상황에서 투여된 인삼은 혈류를 촉진해 감염균을 더욱 퍼지게 해서 감염 부위를 확산시키는 결과를 가져왔을 것이다. 그래서 감염이 급속도로 심해지면서 온몸으로 퍼졌고, 그로 말미암아 갑작스러운 혼수상태를 일으킨 것으로 추측할 수 있다.

사실 인삼이 정조를 직접적으로 죽인 원인은 아니다. 하지만 좀더 치료해볼 수 있는 시간을 빼앗았다고 볼 수는 있다. 정조가 인삼을 복용하지 않았더라면 치료할 수 있었을지 모른다.

그렇다면 정조를 사망하게 한 질병은 무엇이었을까? 그 원인을 알기 위해 정조가 사망하기 전의 증세를 살펴보자. 정조가 사망했을 때의 특징은 정신이 혼미해지는 증상이 나타나고 바로 다음 날 사망했다.

정조가 앓았던 질병은 종기다. 실제 종기의 합병증으로 사망한 왕은 많다. 종기의 범위가 넓어지거나 증세가 심해지면서 그 합병증으로 패혈증이 발생하기도 한다. 이 패혈증의 증상은 발열, 오한, 구토, 무소변, 복부 팽만감, 잦은 맥박, 빠른 호흡, 설사 등이다. 그런데 정조는 발열이나 오한과 같은 증상이 있었기에 세균에 감염되었을 가능성은 있지만, 전신 패혈증이 상당히 진행된 증상은 나타나지 않았다. 그 때문에 정조가 종기로 사망했다는 사실을 받아들이지 않는 학자들이 있다.

그런데도 정조는 종기로 인해 혼수상태에 빠져 버렸다. 감염으로 인한 합병증 중 혼수상태를 불러올 만한 것으로 뇌경색을 의심해볼 수 있다. 정조의 종기가 생긴 부위는 심장과 가까운 등 쪽이었다. 심장 가까이에서 생긴 종기로 인한 감염이 심장까지 파급되면 감염성 심내막염이 생길 수 있다.

심장이란 혈액이 통과하는 장부이기에 심내막염이 생기면 혈전血栓, 곧 피떡이 만들어지기 쉽다. 혈전이 혈류를 타고 뇌로 올라가 뇌혈관을 막아버리면 뇌경색이 일어날 수 있다. 정조는 이렇게 생긴 뇌경색으로 혼수상태에 빠져 사망에 이르게 된 것은

정조는 종기로 인해 혼수상태에 빠져 버렸고, 다음 날 세상을 떠났다. 정조 어진.

아닐까 하고 조심스럽게 추측해본다.

정조는 이름 그대로 '바른 왕'이고자 했다. 200여 년이 지난 지금도 정조의 개혁정치를 배우고자 정치인과 역대 대통령들이 정조를 존경하는 인물로 부각하는 것을 보고 있노라면 착잡한 마음이 드는 것은 어쩔 수 없는 일인가 보다. 정조가 죽고 정확하게 조선은 100년 만에 망하고 말았다.

신경질적이고 내향적인 왕

순조는 1790년(정조 14) 정조와 수빈 박씨 사이에서 태어났으며, 이름은 공玜이다. 1800년 6월 정조가 세상을 떠나자, 그해 8월 왕위에 올랐다. 아직 너무 어린 11세였다. 순조는 어릴 때부터 몸이 허약해 당귀와 녹용 같은 약재가 들어간 귀용탕歸茸湯을 복용하기도 했다. 그도 그럴 것이 순조는 왕비 권력에 의해 가장 많이 흔들린 나약한 왕이었다.

순조는 왕실의 큰 어른인 영조의 계비 정순왕후가 수렴청정을 하여 5년 동안 꼭두각시 왕 노릇을 하다가 정순왕후가 죽자 이번에는 자신의 장인 김조순에 의해 세도정치가 시작되자, 또 한 번의 허수아비 왕 노릇을 하게 된다.

순조는 신경질적이고 내향적인 사람이었던 것 같다. 내향적인 사람의 증상은 식욕이 없으며 신경이 쓰이거나 긴장되는 일이 생기면 밥맛도 없어지고 소화가 안 되며 정서가 불안해지고 깜짝깜짝 잘 놀란다. 꿈을 많이 꾸고 무서움을 잘 타면서 쉽게 어지럽고 구역감이 발생하기도 한다. 순조는 어전 회의에도 참석하고 온갖 제사도 다 챙겨 지내는 등 부지런하게 일했지만, 한 번 시작한 일을 제대로 끝내지도 못하고 몸가짐도 불안정하기 이를 데 없었다.

순조는 12세가 되던 해인 1801년(순조 1) 11월 20일에 수두水痘로 발진이 생겼다. 의관들은 홍역과 같으나 홍역은 아니라고 진단하면서 언제부터 발진했는지 물었다. 순조는 "발과 다리 부위에서 발진했는데, 몸에도 많이 나 있다"라고 말한다. 그러나 29일 완치되었음을 선포한다. 1810년(순조 10)에는 걸을 때 땀이 나고 숨이 차며 입맛이 없어 식사를 잘 들지 못하고, 정신적으로 황홀하고 일을 잘 잊어버리며 잠을 못 자고 놀라는 증상이 있다고 했다.

당시 약방에서 처방한 약물들을 살펴보면 순조의 여성적인 체질과 성품이 분명하게 드러난다. 귀비탕歸脾湯, 감맥대조탕甘麥大棗湯, 가미소요산加味逍遙散을 각각 처방하는데, 이 처방들은 여성의 우울증이나 히스테리에 사용되는 대표적인 약물이다.

귀비탕은 송나라 엄용화嚴用和가 개발한 건망증 치료 약물로 "일에 대한 근심이 지나쳐 심장과 비장이 과로해 건망증이나 가슴이 두근거리는 증상이 병이 된 것"을 치료하는 처방이다. 몸이 실하고 병이 양적인 것일 때에는 사용하지 말 것을 경고한 대표적인 여성적 처방이다.

감맥대조탕도 마찬가지다. 감초와 밀과 대추 세 가지로 구성된 처방으로 『금궤요략』에 기재되어 있다. 이 처방의 치료 목적은 "부인이 히스테리로 울거나 웃거나 하며 귀신에 홀린 것처럼 되어 빈번히 하품을 하는 경우에 사용한다". 일종의 여성용 안정제인 셈이다.

가위눌림과 종기

순조는 1810년에 귀 왼쪽 언저리에 당기는 증세가 있었다. 1811년(순조 11)에는 식사를 하기 싫어하고, 습담濕痰이 경락에 흘러 들어가서 다리에 부기가 생기는 증상이 있었다. 이 해에는 여러 가지 약을 매우 자주 복용했다. 유의儒醫 홍욱호洪旭浩는 다리의 증상이 위기胃氣의 부족 때문으로 보고 각종 한약과 식사에 힘쓰도록 권했다. 자세한 증상 기록은 없지만, 순조의 종기가 저절로 곪아 터졌다는 이후의 기록으로 볼 때, 다리의 증상은 종기였을 것이다.

순조는 1813년(순조 13) 12월 25일 웅주환雄朱丸과 인삼석창

포차人蔘石菖蒲茶를 복용한다. 웅주환은 가위 눌린 것을 치료하는 처방이다. 가위눌림을 한의학에서는 귀염鬼魘이라고 하는데, 한자 그대로 귀신이 압박해서 생기는 병이다. 『동의보감』은 좀더 논리적으로 이렇게 설명한다.

"잠들었을 때는 혼백이 밖으로 나가는데, 그 틈을 타서 귀사鬼邪가 침입해 정신을 굴복시키는 것이다."

한의학에서는 꿈을 꾸고 불안해지는 것의 원인을 혈기가 부족한 데서 찾는다. 그 원인은 피로와 스트레스다. 가위눌림을 현대의학에서는 수면 마비라고 하는데, 이것은 일종의 수면 장애로 잠자고 있는 동안 긴장이 풀린 근육이 회복되지 않은 상태에서 의식만 깨어나 몸을 움직이지 못하게 하는 것이다.

순조를 죽음으로 몰고 간 직접적인 사망 원인은 다리 부위의 종기였다. 다리 부위에 생긴 겸창臁瘡으로 짐작된다. 『동의보감』은 겸창을 이렇게 설명하고 있다.

"양쪽 다리가 짓물러서 나쁜 냄새가 나고 걸어다니기도 힘든데, 이것은 정강이뼈 위에 생긴 것으로 위험한 질병으로 많이 걷지 말아야 한다."

순조는 1814년(순조 14) 11월 2일 다리에 약을 붙인 결과 수포와 붉은 반점이 생기고 열이 올라온다고 고통을 호소한다. 그리고 다리 부위의 종기가 손가락 크기로 부풀어 올라 고약을 바를 것을 의논한다. 이후 3개월 넘게 22종이나 되는 많은 고약을 붙이면서 종기를 치료한다.

문제는 똑같은 증상이 1834년(순조 34)에 발생한다. 10월 28일

신경질적이고 내향적인 순조는 다리 부위의 종기로 세상을 떠났다. 서울시 서초구에 있는 순조와 순원왕후 김씨의 능인 인릉.

순조에게 가벼운 두통과 대소변이 순조롭지 못한 증세가 있었다. 그래서 가미정기산加味正氣散을 처방한다. 11월 1일 종기가 재발해 메밀병으로 만든 고약을 종기에 붙인다. 11월 13일까지 소담병消痰餠, 촉농고促膿膏, 투농산透膿散 등을 계속 붙이면서 치료했지만, 좀처럼 종기는 나아지지 않았다. 결국 13일 해시(저녁 9~11시)에 순조는 35년간 나라를 다스린 후 45세를 일기로 세상을 떠났다.

특이한 점은 종기가 진행되고 있었지만, 가미군자탕加味君子湯이나 인삼과 계피가 들어간 가감양위탕加減養胃湯과 이공산 등 위장의 기력을 돋우는 탕약 처방이 계속되었다는 점이다. 순조가 사망한 직접적인 원인은 종기지만, 처방을 보면 그가 평생 밥맛 없는 인생을 살다 갔음을 알 수 있다.

왕에게 조동과 황홀하는 징후가 있다

순조의 질병은 우울증으로 인한 불면증, 식욕 부진, 무력감, 피로, 황홀, 현기증이라고 할 수 있다. 우리 몸은 먹고 자고 마시기를 제대로 하지 않으면, 모든 질병이 찾아오는 것은 기본적인 상식이다. 순조는 자신도 어쩔 수 없는 정순왕후의 수렴청정과 장인 김조순에 의한 세도정치로 기를 펴지 못해 마음뿐만 아니라 몸도 쇠진한 상태였다.

1811년 8월 8일의 기록을 보면, 왕에게 조동跳動과 황홀恍惚하는 징후가 있었다. 신하와 정조의 대화를 들어보자.

"요즈음에는 조동하는 징후가 어떠합니까?"

"조금 나은 편이다."

"황홀한 징후는 어떠합니까?"

"가끔 있다가 곧바로 그치기도 하며, 정신이 간혹 앞뒤의 일을 잊어버리는 때가 있다."

조동은 심장이 급하게 뛰면서 마음이 불안해지는 것을 말하고, 황홀은 어지럼증을 뜻한다. 또 순조는 이렇게 말한다.

"어머니께 문안할 때면 번번이 걸어서 나갔지만, 땀이 나는 경우가 없었는데 지금의 경우는 걸어서 절반도 못 가고 이미 몸에 땀이 나고 숨이 차며 수라는 입맛이 달지 않아 잘 먹지 못하며 정신이 황홀하다. 잠이 드는 것을 하룻밤으로 견준다면 거의 3~4경쯤이며, 수라는 평상시와 비교하면 10분의 1에 불과하다."

그런데 한약만으로는 순조를 치료할 수 없었다. 예나 지금이나 우울증 치료제는 사람을 차분하고 자신의 문제에 무관심해지도록 만들 수는 있지만, 대개 기분을 좋게 하거나 낙관적으로 만들지는 못한다. 그 원인이 되는 직접적인 요인을 찾아 물리적이든 정신적인 치료가 필요하다. 육체적·정신적으로 나약한 순조의 죽음을 재촉한 사건은 아무래도 자신의 유일한 자식인 효명세자의 갑작스러운 죽음이었을 것이다.

순조는 효명세자에게 일찍부터 제왕 수업을 시켰다. 1821년 (순조 21) 13세의 효명세자에게 음력 초하루에 지내는 제사였던 효희전孝禧殿(정조의 비인 효의왕후 김씨의 혼전魂殿으로, 혼전은 장례

순조가 세상을 떠난 것은 어쩌지도 못하고 지켜보아야 하는 김조순의 세력에 굴복한 것에 대한 허망함 때문이지 않을까? 김조순의 별서別墅를 그린 〈옥호정도玉壺亭圖〉.
(국립중앙박물관 소장)

후 3년 동안 신위를 모시는 전각이다)에 올리는 삭제朔祭를 주관하게 했다. 그리고 1823년(순조 23) 9월에는 종묘의 겨울 제사를 효명세자에게 행하도록 하게 하면서 모든 신하는 전례대로 모두 참석하라고 명했다. 이 해 겨울부터는 모든 왕실의 제사를 효명세자가 지내게 했다.

순조는 대리청정이라는 칼을 빼들었다. 대신들은 간과하고 있었지만, 대리청정은 순조의 절묘한 패였다. 효명세자는 자신처럼 호락호락하지 않은 인물이었다. 이렇게 대리청정을 한 지 2년 만에 효명세자는 조정의 분위기를 일신해놓았다.

효명세자는 이 기간에 다양한 방법을 사용해서 안동 김씨의 세력을 약화시켰다. 불과 2년 만에 삼사의 분위기를 바꾸어놓았으니 앞으로 더욱 막강한 친정 체제를 구축할 수 있었다.

그러나 효명세자는 갑자기 병석에 누웠고, 1830년(순조 30) 윤4월 22일 병석에 누운 지 14일 만에 세상을 떠나고 말았다. 허망한 죽음이었다. 어린 자식의 죽음으로 밥맛도 없고 잠도 제대로 자지 못했던 순조는 4년 후인 1834년(순조 34)에 사망하고 말았다.

특별히 위급한 질병도 없이 그렇게 황망하게 세상을 떠난 것은 종기보다는 마음에 자리 잡은 자식에 대한 그리움, 아버지 정조의 대업을 이루지 못한 죄의식, 어쩌지도 못하고 지켜보아야 하는 김조순의 세력에 굴복한 것에 대한 허망함 때문인 것으로 보인다.

헌종

1827~1849
재위 1834. 11~1849. 6

세도정치의 그늘에서 벗어나지 못하다

헌종은 1827년(순조 27) 순조의 아들 효명세자와 신정왕후 조씨 사이에서 태어났다. 순조가 사망한 1834년(순조 34) 8세의 나이로 왕위에 올라 15년 동안 나라를 다스리고 1849년(헌종 15) 창덕궁 중희당重熙堂에서 사망해 23세의 일생을 마쳤다.

조선 후기로 갈수록 왕손이 귀해져 왕위 계승 문제가 갈수록 심해지고 어려워졌으며, 왕실의 권위와 힘은 약해져만 갔다. 헌종은 이런 시대에 즉위했다. 헌종은 왕위에 올랐지만, 너무 나이가 어려 친정이 불가능했기 때문에 순조의 비인 순원왕후가 수렴청정을 했다. 헌종이 10세가 되자 순원왕후는 왕비 간택을 서둘렀다. 영흥부원군 김조근金祖根의 딸을 왕비로 맞이하고 4년 뒤에 가례를 올렸다. 그러나 몸이 약했던 왕비가 병에 걸려 세상을 떠나자, 익풍부원군 홍재룡洪在龍의 딸을 계비로 맞이했다. 그녀가 효정왕후 홍씨다.

15년의 재위 기간 중 6년의 수렴청정 기간을 제하면 9여 년의 짧은 친정을 펼친 헌종은 그나마 이 기간에도 세도정치의 그늘에서 벗어나지 못했다. 정권을 잡기 위한 안동 김씨와 풍양 조씨 일가의 권력 투쟁에 휘말리다가 적절한 민생 안정책도 세우지 못했다. 또한 급변하는 국내외 정세를 읽지 못하는 정치력으로 거기에 적절하게 대응하거나 대비하는 모습을 보이지 못했다. 그리고 헌종은 후사 없이 사망했다. 행장은 당시 상황을 이렇게 설명한다.

"봄부터 병환이 들어 점점 시일이 갈수록 피곤함을 보이셨으나, 오히려 만기萬機를 수작해 조금도 게으르지 않으셨다. 태묘太廟에 전기展機하는 일과 기예技藝를 시험하고 선비를 시험하는 일 같은 데에 이르러서도 편찮다 하여 행하지 않음이 없었으니, 대개 절제해 고요히 조섭하시는 방도를 또한 잃은 바가 많았다."

헌종은 조선시대를 통틀어 가장 미남이었다. 헌칠한 키에 수려한 이목구비를 갖고 있어서 궁궐 안에서도 흠모하는 궁녀가 많았다. 궁녀치고 왕의 승은을 입지 않은 여인이 드물 정도로 여성 편력이 자유분방했다고 한다. 헌종이 그렇게 여자를 탐닉한

헌종은 재위 기간 중에 세도정치의 그늘에서 벗어나지 못했다. 경기도 구리시 동구릉에 있는 헌종과 효현왕후 김씨와 효정왕후 홍씨의 능인 경릉.

데는 이유가 있었다. 외척의 세도정치 때문에 무력한 왕이 딱히 할 일이 없었기 때문이다. 이런 헌종의 행동에 역사가들은 종마種馬로 살아야 했던 조선 왕들의 단면을 보여주는 예라고 표현하지만, 글쎄 과연 그럴까? 여자의 치맛속만 들여다본다면 누가 큰일을 할 수 있다는 말인가?

식탐과 성욕은 자신이 원할 때 최고의 기쁨의 경지에 도달하지만, 싫을 때는 몸의 신체적 반응이 작동하지 못한다. 먹기 싫어하는 사람에게 음식을 권하는 것과 여자를 멀리하는 남자에게 그 어떤 아름다운 미모를 가진 여자와의 잠자리는 전혀 몸의 반응을 일으키지 않는다. 쉽게 표현해 세도정치로 아무것도 할 수 없었던 상황에서 헌종이 유일하게 잘하는 일은 여자를 탐하는 것이었다.

죽음으로 몰고 간 질병

헌종의 질병은 『헌종실록』에 자세하게 기록되어 있지 않다. 1843년(헌종 9) 9월에 헌종은 두창을 앓았다. 1849년(헌종 15) 4월에 안색이 초췌하고 윤기가 없었다. 헌종은 체기가 있을 뿐 별 탈이 없다고 했으나, 그 후 안면에 부종이 있다고 말했다. 이로부터 2개월이 지난 후 사망해 원인을 단정하기 어려우나 심장 질환이 아닌가 추정된다. 대부분의 한의사들도 헌종을 죽음으로 몰고 간 질병을 심장사라고 추측한다.

이 기록에 따르면 헌종은 두창을 앓았다는 것이 유일하다. 이후 큰 병을 앓았다는 기록은 거의 찾아볼 수 없다. 사실 조선 후기 내의원에서는 두창을 일정한 패턴으로 치료하고 있었다. 두창에 대한 치료 경험이 어느 정도 축적되어 민간과는 달리 처방이 되고 있었다는 이야기다. 처방의 방식과 순서도 일정했다. 헌종은 할아버지였던 순조의 진료 방식을 거의 그대로 따라하고 있었다.

『승정원일기』에는 두창이 시작된 다음 날인 9월 28일 가미활혈탕加味活血湯을 처방하고 10월 1일에는 가미귀용탕加味歸茸湯을, 2일에는 귀용보원탕歸茸保元湯을, 3일에는 귀용보원탕에 녹용과 계피를 가미하고, 4일에는 계피를 빼고 녹용과 인삼을 가미해 각각 처방한다. 6일에는 감로회천음甘露回天飮을 처방하고 두창을 완치한다.

1849년 4월 10일, 갑자기 헌종의 목숨을 위협하는 질병이 기록에 나타난다. 『헌종실록』은 도제조都提調 권돈인權敦仁이 헌종과 나눈 대화를 기록하고 있다. 이 대화를 통해 헌종이 사망한 이유를 어느 정도 밝힐 실마리를 확인할 수 있다. 권돈인이 이렇게 말한다.

"옥색玉色이 여위고 색택色澤이 꺼칠하시니 아랫사람의 심정이 불안하기 그지없습니다."

그러자 헌종이 말했다.

"이번에 괴로운 것은 처음부터 체기가 빌미가 되었고 별로 다른 증세는 없었다. 근일 이래로 체기가 자못 줄었고 잠도 조금 나

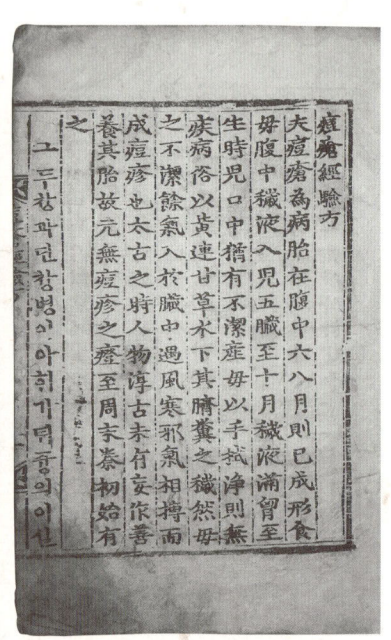

헌종은 큰 병 없이 두창만 앓았다. 그런데 조선 후기에는 두창에 대한 치료법이 축적되어 쉽게 치료할 수 있었다. 조선 중기 박진희朴震禧가 지은 두창 치료서인 『두창경험방痘瘡經驗方』.

아졌다."

소화기 질환 탓인지 헌종이 체하기 시작한 것이다. 다음 날인 11일 배에서 끄르륵 소리가 나면서 복통이 계속되고 체증滯症과 설사도 다섯 차례나 반복되었다. 헌종이 가장 고통스러워한 것은 소변 보기였다. 심지어 오령산이라는 이뇨제를 복용하고 싶다고 말할 정도였다. 가미이공산加味異功散이라는 처방으로 치료하다가 13일에는 계강군자탕桂薑君子湯이라는 속을 데우는 약으로 바꿔서 투여했다. 결과는 성공적이었다. 설사가 그쳤고 소변도 순조로워지면서 맑아졌다.

18일에 증상은 없어졌지만, 저녁을 먹고 나면 피로하면서 힘이 빠진다며 식곤증을 호소하고, 25일에는 잠자기가 쉽지 않아 귀비탕이라는 처방을 헌종 자신이 추천한다. 윤4월이 되어도 체기가 이어졌다. 불환금정기산不換金正氣散이라는 감기와 소화불량 증상을 동시에 치료하는 약물을 복용하고 밥맛이 없어 밥을 물에 말아 겨우 먹는다. 식욕 부진과 소화불량 증세가 이어지고 대변도 무른 연변軟便만 보며 속이 찬 증후가 계속된다. 『승정원일기』는 처방을 왕에게 올린 일정만 기록하고 구체적인 증상과 진맥 과정은 생략하고 있다.

5월 14일, 헌종의 증상은 다시 악화일로를 걷는다. 얼굴과 발이 붓고, 소변 보기가 곤란해진다. 결국 이뇨제를 복용한 후 밤사이에 요강을 반이나 채울 만큼 많은 소변을 본다. 발의 붓기를 없애기 위해 안마를 받으라고 신하들이 권유하지만 실제로 했는지는 알 수 없다. 이후의 진료 기록은 구체적인 내용이 전혀 없다. 6월

5일 가미군자탕 3첩을 복용했으며, 6일에는 계부이중탕桂附理中湯과 가미이중탕加味理中湯을 각각 1첩씩 투여했다. 그리고 이날 현종은 세상을 떠났다.

궁녀와 녹용

헌종이 죽기 전 얼굴과 발이 붓고 소변 보기가 곤란해 이뇨제를 복용한 것과 녹용이 들어간 약재를 수천 첩 복용했다는 것이 기록의 전부다.

설사가 지속되고 이를 치료하는 평진탕平陳湯을 복용하고 녹용이 약방에 들어갔다는 기록이 있다. 그런데 장에 탈이 나서 배가 아프고 설사를 하는데, 녹용이 들어간 처방을 계속하면 어떻게 되는 것일까? 그리고 헌종은 왜 귀용군자탕歸茸君子湯, 아니 정확하게 말하면 녹용에 집착했을까?

헌종은 녹용이 가진 정력 강화 효과에 관심을 가졌던 것이다. 궁궐 안에 있는 모든 궁녀를 취했던 헌종에게는 정력이 떨어질 것을 걱정해 녹용을 입에 달고 살았을 가능성이 많다. 그러나 『동의보감』은 녹용을 지나치게 많이 복용하면 입맛이 없어지거나 설사를 할 수 있다고 경고한다.

"대체로 신기身氣가 허약해지면 진양眞陽이 허해져서 비위로 더운 기운을 보내지 못하고 비위가 허해지고 차가워지면서 소화가 잘 되지 않거나, 음식을 잘 먹지 못하게 되는데 혹 헛배가 부

헌종은 왜 녹용에 집착했을까? 모든 궁녀를 취했던 헌종은 정력이 떨어질 것을 걱정했기 때문이다. 〈헌종의 결혼식 축하잔치憲宗嘉禮陳賀圖〉. (국립중앙박물관 소장)

르며 토하거나 설사가 난다."

헌종은 특별히 큰 병을 앓은 적도 없다. 그렇다면 기운이 부족한 것은 무엇 때문이었을까? 그것은 지나친 성생활로 정기를 누설한 탓이다. 『헌종실록』이나 『승정원일기』나 『일성록』에 기록된 것은 없지만, 야사에 따르면 헌종은 여자를 좋아했다고 전해진다.

구한말의 문신 윤효정尹孝定은 1931년 『동아일보』에 「한말비사」라는 글을 연재했는데, 첫 회에 헌종과 관련된 이야기를 쓴다. 헌종이 창덕궁 건양재建陽齋 동쪽 으슥한 곳에 술집을 짓고 궁궐 밖 미녀를 뽑아 반월半月이라고 하고 미복美服 차림으로 유흥을 즐겼다는 것이다.

그렇다면 헌종의 직접적인 사망 원인은 무엇이었을까? 헌종은 죽음 직전에 설사가 지속되었고, 얼굴과 발이 붓는 증세가 나타났다. 헌종의 설사는 오랜 기간 지속되지 않은 것으로 보아 과민성 혹은 염증성 장질환으로는 보이지 않는다. 서화를 수집하는 그의 행동을 살펴볼 때 성질이 날카롭지 않고 유한 사람으로 보인다.

장질환은 대변에 섞인 맑은 점액이나 농에 대한 기록이 없는 것으로 보아 결장의 종양도 아니고, 기침이나 설사와 간헐적인 피부 홍조를 일으키는 호르몬을 분비하는 유암종類癌種이라는 종양도 아닌 것으로 보인다.

헌종은 설사가 날 때 설사를 멈추기 위해 이뇨제를 계속해 복용했다. 그리고 녹용과 인삼이 들어간 귀용군자탕을 복용했다.

결국 헌종은 2~3주 이상 설사가 지속된 것인데, 이는 다양한 원인으로 일어날 수 있다. 그 원인으로는 염증성 장질환, 세균 감염, 복용 중인 약물, 기생충이나 아메바 혹은 또 다른 기생충일 수도 있다.

『헌종실록』에는 없지만, 헌종은 혹시 오래전부터 신부전증을 앓았던 것은 아닐까 하는 의구심이 든다. 그로 인해 약해진 성기능 장애를 극복하기 위해 녹용과 인삼을 복용했고, 이로 인해 심장질환이 발생해 심장마비로 사망한 것으로 추측된다.

철종

1831~1863
재위 1849. 6~1863. 12

마음도 몸도 지쳐버린 어리석은 왕

철종은 1831년(순조 31) 전계대원군과 용성부대부인 염씨 사이에서 태어났다. 사도세자의 서자인 은언군의 손자이기도 하다. 할아버지가 역적으로 몰려 천애 고아가 된 철종은 강화에서 숨어 살다가 헌종이 사망하자 1849년(헌종 15) 19세의 나이로 왕위에 올랐다. 핏줄을 중요하게 여기던 시대라서 가능했던 일이다.

철종의 즉위는 안동 김씨의 장기 집권 전략과 깊은 관련이 있다. 대왕대비 순원왕후의 명으로 왕위에 올랐지만, 철종은 농부에 불과했기 때문에 대왕대비가 잠시 수렴청정을 했다. 1851년 (철종 2) 21세가 되던 해에 대왕대비의 근친近親 김문근金汶根의 딸을 왕후로 맞이했고, 안동 김씨의 세도정치가 이어졌다. 철종은 1852년(철종 3)부터 친정을 시작했지만, 안동 김씨의 전횡을 막지 못했고 삼정의 문란은 극에 달했다.

철종 말년에는 최제우崔濟愚가 동학을 창시했다. 1862년(철종 13)에는 진주민란을 시작으로 전국 각지에서 민란이 폭발했다. 1863년(철종 14)에는 동학 교주 최제우를 잡아 대구 경상 감영으로 압송했다. 철종의 시대는 세도정치의 시대이자 민란의 시대였다. 철종은 꼭두각시 왕에 불과했다.

철종은 불과 14년 6개월의 재위 기간에 철인왕후 김씨를 비롯해 부인 8명 사이에서 5남 1녀의 자녀를 보았다. 그러나 1858년 (철종 9)에 태어난 원자는 1년을 넘기지 못하고 죽었고, 정작 살아남은 유일한 혈육은 박영효朴泳孝에게 시집간 영혜옹주 한 사람뿐이었다.

통상 궁궐이 아닌 궁궐 밖에서 생활을 하다가 왕이 된 대부분의 왕들은 건강한 체질을 유지했다. 그러나 철종은 그렇지 못했다. 철종은 남아도는 시간을 환락으로 채웠다. 정비 외에도 수많은 궁녀를 탐하느라 건강이 상했다.

글자도 모르는 농부 출신으로 갑자기 왕이 되었으면 공부에 열중하고 정치의 도를 걷기 위해 밤낮으로 노력을 했어야 함에도 철종은 그러지 못했다. 요통으로 허리를 쓰지 못하고 고통을 당했는데, 천하의 보약을 구해다 먹었지만 전혀 효과가 없었다.

철종은 안동 김씨 세도가들에 의해 폐위당하거나 살해당할지도 모른다는 두려움을 갖고 있었다. 철종 어진. (국립고궁박물관 소장)

철종은 녹용이 들어간 정력제 말고도 음식으로 몸을 보호하는 식보 처방도 이루어졌다. 특이한 것은 계고鷄膏, 즉 일종의 닭곰탕을 즐겨 먹었다는 기록이다.

1860년(철종 11) 좌의정 조두순趙斗淳이 소화에 좋다고 철종에게 계고를 권한다. 이듬해에도 가미지황탕加味地黃湯과 팔미지황탕八味地黃湯을 복용하던 철종은 계고를 다시 복용한다. 판부사 박희수朴晦壽도 "계고가 잘 넘어가면 신속한 효과가 다른 탕제보다 나을 것입니다"라고 추천한다.

여기서 나오는 계고는 아마 삼계탕의 원형일 것이다. 조두순이 계고를 권하면서 인삼을 넣으면 좋을 것이라고 했기 때문이다. 철종은 몸이 허약해서 몸져누워 있으면서도 여자에게 집착해 죽는 순간까지 치맛자락을 거머쥐고 놓지 못했다. 이를 위해 녹용과 인삼 등 몸에 좋은 처방을 계속했다.

갑작스러운 신분 상승을 당한 철종은 어느 날 갑자기 세도가 권신들에 의해 언제 폐위당하거나 살해당할지도 모른다는 두려움에 걱정을 그치지 못했을 것이다. 그리고 비록 즉위 3년 만에 친정을 했지만, 안동 김씨 세도가들의 동의 없이는 아무것도 할 수 없는 자신의 처지에 답답했을 것이다.

철종은 마음도 몸도 지쳐버린 어리석은 왕이었다. 저 세상을 먼저 간 순원왕후는 땅을 치면서 철종을 왕위에 앉힌 것을 후회하고 있을 것이다.

한약을 먹다

『철종실록』에는 철종의 발병은 1863년 7월이며, 그 후 종종 전의가 진찰한 사실만 기록되었을 뿐 병세의 내용에 관해서는 일절 언급이 없다. 다만 발병부터 사망까지 5개월 동안의 기록만 있다.

철종은 왕이 된 후 한약을 먹다가 죽었다 해도 과언이 아닐 정도로 입에 달고 살았다. 아니 처방한 약물을 거부할 힘조차도 없었는지 모른다. 허울뿐인 왕 노릇에 가장 정직하게 반응한 것은 몸이었다. 철종을 괴롭힌 질병들과 처방된 약물들은 그가 겪은 불편한 진실을 가장 정확하게 보여준다.

철종이 복용한 약물들은 대부분 보약이었다. 내의원에서 그날그날의 처방을 기록한『약방일기』가 남아 있어 철종이 어떤 처방을 받았는지 세밀한 추적이 가능하다. 그 기록을 볼 때 조선 후기의 의학이 질병 치료보다는 예방 위주의 보약을 중심으로 되었음을 알 수 있다. 그리고 보약 위주로 처방이 이루어진 것은 철종이 허약했기 때문이기도 할 것이다. 임종이 가까웠던 33세에 특별한 처방이 3번 연속 이루어진다.

철종은 교감탕交感湯이라는 처방을 받는다. 이 교감탕이 어떤 병에 처방하는지는『동의보감』에 자세하게 설명되어 있다.

"공적인 일이나 사적인 일이 마음에 맞지 않거나 명예와 이익이 뜻대로 되지 않아 억울하게 생각하면서 고민하거나 칠정七情이 상해 음식을 먹고 싶지 않고 얼굴이 누렇게 뜨면서 몸이 여위고 가슴속이 그득하고 답답한 증상을 치료한다."

철종의 마음의 병은 여러 가지 증상으로 나타났다. 철종이 가장 자주 호소한 질병은 소화불량이었다. 20세에 사군자탕四君子湯 계열의 가미군자탕이나 향사이진탕香砂二陳湯을 복용했고, 26세와 30세에 체증을 자주 호소했을 때 향사육군자탕香砂六君子湯 계열의 처방이나 사군자탕 계열의 처방을 자주 복용했다.

철종의 질병 기록을 보면 체증, 체후體候, 체기, 담체痰滯 같은 표현이 가장 많이 나온다. 그래서 그런지 공진단拱辰丹 계통의 보약을 처방할 때에도 반드시 소화 작용을 돕는 사군자탕 계열의 약을 넣어서 공진군자탕拱辰君子湯을 함께 처방했을 정도다.

소화불량을 치료하는 약들과 함께 철종이 많이 복용한 처방은 스태미나나 정력을 강화하는 강장強壯 처방이 대부분이었다. 『일성록』의 기록에 따르면, 철종은 즉위 이듬해인 1850년(철종 1) 1월 20일부터 가미지황탕을 지속적으로 복용했다. 『동의보감』에서는 가미지황탕을 언제 복용하는지 이렇게 설명하고 있다.

"사람들이 젊은 나이에 너무 일찍 성생활을 하여 정기가 줄어들거나 타고난 체질이 허약한데도 성생활을 많이 하여 원기가 너무 쇠약해져서 식은땀이 나거나 정액이 절로 흐르며 정신이 피로하고 권태감이 심하며 음식을 먹어도 살로 가지 않고 손발바닥에 열이 날 때 처방한다."

심지어 1855년(철종 6) 여름 철종은 수용水茸까지 복용한다. 수용은 말리지 않은 생녹용을 말한다. 철종은 이 생녹용을 수십 차례에 걸쳐 자주 복용했다. 철종에게 처방된 대부분의 약은 소화기인 비장의 기능 강화, 생명력과 생식기능을 주관하는 신장의 기능 강화를 고려한 처방이 반복되었다는 점이다.

한마디로 말하면 자식을 낳기 위해 부부관계를 자주 하다 보니 양기가 손상되었고, 그 후유증으로 밥맛까지 떨어졌다는 것이다. 일반 사람들은 조금 이해가 되지 않는 부분이다. 철종은 녹용과 공진단, 귀용탕, 육미지황탕六味地黃湯을 열심히 복용하며 신장을 보호해 하초를 튼튼하게 하려고 했다. 그리고 종마처럼 열심히 자식 농사를 지었다.

수많은 보약 처방을 받았음에도 철종은 재위 후반기 내내 골골 앓았다. 1861년(철종 12)부터 정사를 볼 때보다 누워 있는 경우가 많았다. 『일성록』에 따르면 철종은 1863년 4월 25일부터 본격적으로 위독해지기 시작한다.

철종은 다리가 마비되는 불편함을 느낀다고 호소한다. 걸음걸이가 온전하지 못하다는 것이다. 그러나 특별한 처방은 이루어지지 않는다. 내의원 의관들은 지황탕이나 교감지황탕交感地黃湯 같은 보약 처방으로 일관한다.

마지막 처방은 12월 2일 성향이진탕星香二陳湯에 인삼과 부자를 5돈이나 넣은 것이었다. 양기만이라도 돌아오기를 기원하는 자포자기식 처방이다. 결국 철종은 12월 8일 묘시(오전 5~7시)에 세상을 떠났다. 한창 나이인 33세였다.

철종은 재위 기간 내내 한약을 먹을 정도로 허약했고, 정사를 볼 때보다 누워 있는 경우가 많았다. 경기도 고양시 서삼릉에 있는 철종과 철인왕후 김씨의 능인 예릉.

정치적 무력감과 좌절감

철종은 정치적으로 무력감을 느꼈고, 왕으로서 좌절감을 느꼈다. 그래서 음주와 여색으로 마음을 달랬고, 그 결과 폐결핵을 앓았으며 그 후유증으로 사망했다고 추측할 수 있다.『약방일기』에 따르면 철종은 사망하기 1년 전인 1862년에 가미지황탕과 귀판龜板(거북과 남생이의 등딱지)과 별갑鱉甲(자라의 등딱지)이 더해진 육미지황탕 처방을 받는다. 한의학에서는 폐결핵을 음기가 부족한 음허증陰虛證으로 진단하는데, 귀판과 별갑은 음허한 폐결핵 환자에게 처방하는 대표적인 약물이다.

또 금수육군전金水六君煎과 생맥지황탕生脈地黃湯이 처방되었는데, 이것 역시 가래와 기침을 치료하는 대표적인 처방이다. 철종은 결핵 같은 치명적인 질환으로 사망했는지는 정확하게 알 수는 없지만, 기침·가래·기관지염 등의 호흡기 질환을 앓고 있었음은 분명하다.

철종은 소화불량·식욕 부진·감기와 비슷한 증상이 있다고 했는데, 이는 폐결핵 환자에게 나타나는 증상과 유사하다. 폐결핵은 결핵균이 폐에 전이되어 걸리는 병이다. 결핵은 결핵균이 호흡기를 통해 감염되어 발병되는데, 결핵균이 인체에 유입되었다고 해서 모두 환자가 되는 것은 아니지만 면역이 약한 사람들에게서 발병할 확률이 훨씬 높다.

폐결핵은 결핵균의 폐 감염에 의해 발생하는 병으로 전염성이나 급성·만성 질환으로 나누어볼 수 있다. 결핵은 혈류나 림프관을 따라 어디나 전파될 수 있는데, 폐에 가장 잘 침범되는 특징을 가지고 있다. 폐결핵에 걸리면 대표적인 증상으로는 기침을 동반한 가래가 붉은색을 보이고 2주 이상 기침이 지속되거나 기침할 때 가슴 통증이 느껴진다.

폐결핵은 감기와 비슷한데, 발열과 두통이 동반된다. 초기에는 신경 예민과 피로감만 나타날 수 있다. 경증이나 중증 결핵은 호흡 곤란이 일어나지 않을 수 있지만, 중증 이상이 되면 호흡 곤란 증상이 동반되기도 한다. 『철종실록』에 기록된 대부분의 증상이 오늘날의 폐결핵과 유사하다고 볼 수 있다.

고종

1852~1919
재위 1863.12~1907.7

늦게 자고 야식을 즐기다

고종은 1863년(철종 14) 흥선대원군 이하응_{李昰應}과 여흥부대부인 민씨 사이에서 둘째 아들로 태어났으며, 이름은 희_熙다. 흥선대원군의 아버지 남연군은 사도세자의 서자 은신군의 후사였으나, 이는 양자로 들어간 때문이고 실제 남연군은 인조의 셋째 아들 인평대군의 5대손 이병원_{李秉源}의 아들이었다. 그렇기 때문에 혈통을 따지자면 고종은 도저히 왕위에 오를 수 없는 인물이었다. 그러나 철종이 후사가 없다 보니 뜻밖의 기회를 잡은 것이다.

고종은 조선의 마지막 왕이자 대한제국의 초대 황제였다. 12세에 왕위에 오른 어린 왕은 외로웠다. 고종의 마음을 사로잡은 것은 궁녀들이었다. 그중에서 한 궁녀에게 마음을 빼앗겼는데, 그녀가 바로 이상궁(귀인 이씨)이었다. 그녀는 고종보다 나이가 많았다. 처음에는 시녀로서 고종을 섬겼지만, 시간이 흘러 친밀해지면서 서로 사랑하게 되었다.

그러나 흥선대원군과 부인 민씨는 민치록閔致祿의 딸을 마음에 두고 있었는데, 그녀가 바로 우리가 알고 있는 명성황후 민씨다. 1866년(고종 3) 고종은 15세였고 명성왕후 민씨는 한 살 위인 16세였다. 타고난 천성이 영특한 민씨는 글도 배워 여러 면에서 고종보다 훨씬 나았다. 그러나 마음 설레며 혼인날을 기다리던 신부는 첫날밤부터 신랑에게 소박을 맞고 말았다. 고종이 이상궁에게 깊이 빠져 있었기 때문이다.

1871년(고종 8) 명성황후는 원자를 낳는다. 하지만 겨우 닷새만에 항문이 막혀 죽고 만다.『고종실록』11월 8일에는 "오늘 해시에 원자가 대변이 통하지 않는 증상으로 불행을 당하고 말았다. 산실청産室廳을 철수시키도록 하라"는 고종의 지시가 기록되어 있다. 호사가들은 흥선대원군이 임신 중인 명성황후에게 산삼을 먹여 원자가 죽게 되었다고 이야기한다. 어떤 사람은 명성황후가 이 사건을 계기로 흥선대원군을 미워하게 되었다고 한다.

고종은 조선을 자신의 뜻대로 할 수 없었다. 즉위할 때부터 10년간은 흥선대원군의 섭정 아래 살았고, 이후에는 명성황후의 입김 아래 외척에 좌지우지되는 삶을 살았다. 대외적으로도 일본과 청나라와 러시아 사이에서 줄다리기를 했지만, 조종祖宗에서 물려받은 나라를 간수하는 데 실패했다. 퇴위도 뜻대로 하지 못하고 강제로 덕수궁에 유폐되었고, 결국 이태왕이라는 명목뿐인 황호皇號를 유지하는 것으로 끝났다.

고종은 평소 새벽 3시경에 침소에 들었고 오전 11시경에 기상해 아침 식사를 하고 오후 3시경에 점심으로 과자나 죽을 먹었다. 저녁 식사는 밤 11~12시경에 했다고 한다. 키는 153센티미터, 몸무게는 70킬로그램 정도였으며, 시력은 좋아서 노안이나 근시의 징후는 없었다.

사실 고종과 명성황후는 테러와 암살의 위협에 시달려야 했다. 갑신정변(1884년) 같은 쿠데타와 임오군란(1882년) 같은 변란, 을미사변(1895년) 같은 외국 군대의 궁궐 침탈 등으로 고종의 재위 기간은 한시도 평안하지 않았다. 하룻밤도 편히 잘 수 없었을 것이다. 고종과 명성황후는 음모에 대비하기 위해 잠을 자지 않았고, 환한 낮이 되어야 안심하고 잤을 것이다.

고종이 친정을 시작한 이후 광화문에서 멀리 떨어진 경복궁 북쪽 끝에 건천궁乾淸宮을 지어 그곳에 즐겨 머문 것이나 명성황후 시해(을미사변) 이후 고종이 외국 공사관으로 둘러싸인 덕수궁에 머물며 외국 선교사들에게 경호를 부탁했다는 사실은 그 이유를 설명해준다.

고종은 늦게 자고 야식을 즐기는 생활이 반복되자 당연히 소화 능력이 떨어졌고, 평소 소화제를 복용하거나 죽을 즐겨 먹었다. 여기서 죽은 인삼속 미음을 말하는데, 인삼속 미음은 보통 인

고종은 늦게 자고 야식을 즐기는 생활을 반복하자 소화 능력이 떨어져 소화제를 복용하기도 했다. 고종의 초상화. (국립중앙박물관 소장)

삼과 좁쌀을 물과 함께 끓여서 체에 걸러낸 것으로 죽보다 묽은 유동식流動食이다. 힘든 일을 앞두고 체력을 보충하기 위한 예방식豫防食을 복용한 셈이다.

불면증과 스트레스

조선 말기의 왕들이 병과 싸우면서 많은 처방 기록을 남겼지만, 고종은 『고종실록』이나 『태의원일기』에 소화불량이나 가벼운 피부염 정도밖에 없다. 하지만 생활 습관 측면에서는 문제가 많았다. 고종은 유별나다고 할 정도로 낮과 밤이 뒤바뀐 생활을 오래했고 야식을 즐겼다. 이런 습관은 결국 뇌출혈과 중풍을 유발했고, 이것이 고종을 죽음에 이르게 했다.

고종이 이렇게 올빼미 생활을 한 데에는 명성황후의 영향이 컸다. 비록 양오빠였지만 외척 중 가까운 사람인 민승호閔升鎬가 1874년(고종 11) 11월 폭탄 테러로 사망한 이후 명성황후와 잠자리를 갖지 못했다.

이러한 외부환경은 고종과 명성황후에게 엄청난 스트레스를 가져다주었을 것이다. 고종과 명성황후를 괴롭힌 불면증은 바로 이 스트레스에서 왔을 것이다.

스트레스는 교감 신경을 흥분시키고 혈압을 올리고 소화불량의 증상을 동반해 몸이 열을 받는 상황을 말한다. 한의학적으로 만성 스트레스 상태를 몸에 양기가 넘쳐 음기가 줄어든 상태로

본다. 이런 상태는 불면증을 낳게 된다. 커피나 콜라 같은 음료수도 신경을 흥분시키며 잠이 오지 않게 한다. 갱년기의 여러 신체 변화나 갑상선 질환, 당뇨, 협심증도 음기를 소진시켜 불면증을 야기하는 원인이다.

고종이 불면증으로 고생했음은 그가 사망하던 날 점심때까지 처방된 약물이 온담탕溫膽湯임을 보면 알 수 있다. 온담탕의 중심 약재는 여름 절기의 반이라는 반하半夏다. 반하는 보리밭에서 많이 자란다. 속이 더운 까닭에 보리밭 사이에 숨어서 해를 피하자라며 보리농사가 끝나 쟁기질할 때 수확한다.

반하는 하지까지는 잎을 펼치지만, 그 이후에는 잎을 반으로 줄이는 특징이 있다. 그래서 반하라는 이름이 붙었다. 한의학에서는 반하의 이러한 성질을 불타오르는 양을 줄여서 음으로 보내는 반하만의 오묘한 특성으로 해석한다. 이것을 도양입음導陽入陰이라고 하는데, 양을 이끌어서 음으로 보낸다는 뜻이다. 현대 의학적으로 보면 부교감 신경을 활성화해 잠이 오게 하는 것이다.

잠이 잘 오게 하기 위해 온담탕에 가미하는 약재가 반하 말고 또 있다. 바로 산조인酸棗仁이다. 산조인은 갈매나뭇과의 일종인 묏대추나무의 열매다. 묏대추나무는 대추나무와 비슷하나 줄기와 가지에 가시가 있고 그 열매 모양 역시 일반 대추보다 둥글게 생겼다. 묏대추나무는 우리나라에서는 잘 자라지 않는다. 산조인은 신맛이 있으면서 간을 보호한다. 『본초강목』은 간을 보호해 잠이 잘 오게 하는 원리를 이렇게 설명한다.

"사람이 누우면 피는 간으로 간다. 간은 근육을 주관하기 때문에 사람이 활동을 그치면 피는 간으로 돌아오고 활동하면 근육으로 스민다. 피가 안정되지 못해 누워도 간으로 돌아가지 못하면 놀란 것처럼 가슴이 두근거리고 잠을 자지 못한다."

식혜를 마신 후 사망하다

『태의원일기』에는 1898년(광무 2) 음력 1월 1일(양력 1월 22일)부터 12월 29일(양력 1899년 2월 9일)까지 태의원에서 있었던 문안과 오고간 대화 내용, 전의들의 입진, 처방 내용들이 기록되어 있다. 이 기록에 따르면 고종은 담체, 어지럼증인 현훈眩暈, 체증으로 인한 설사인 체설濡泄 등의 증상을 보였다.

침구 치료 기록은 찾아볼 수 없지만, 주로 약물 처방이 이루어졌던 것 같다. 인삼이 든 삼출건비탕蔘出健脾湯, 이공산, 가미군자탕 같은 처방이 쓰였는데, 모두 소화기가 허약하면서 소화 능력이 떨어진 경우에 쓰는 보약 계통의 약물이다.

고종이 죽고 난 후 고종의 죽음은 독살설로 이어졌다. 당시 유행했던 독살설의 정황 증거는 구체적으로 기록한 윤치영의 일기다. 이것은 고종의 시신을 목격한 명성황후의 사촌동생 민영달閔泳達이 중추원 참의 한진창韓鎭昌에게 말을 듣고 적은 것이라고 한다. 1920년 10월 13일의 일기를 보면 독살설을 뒷받침하는 몇 가지 정황을 확인할 수 있다.

고종이 식혜를 마신 지 30분이 안 되어 심한 경련을 일으킨 후 사망했다. 고종의 팔다리가 1~2일 만에 엄청나게 부어올라서 사람들이 통 넓은 한복 바지를 벗기기 위해 바지를 찢어야만 했다. 민영달과 몇몇 인사는 약용 솜으로 고종의 입안을 닦아내다가 고종의 이가 모두 빠져 있고 혀는 닳아 없어졌음을 발견했다. 30센티미터나 되는 검은 줄이 목 부위에서 복부까지 길게 나 있었다. 고종이 사망한 직후 궁녀 2명이 의문사하기도 했다.

일제는 고종의 독살설을 해명하기 위해 『경성일보』와 『매일신보』에 고종을 진찰한 일본인 의사들의 인터뷰는 물론이고, 장문의 해명 기사를 올렸다. 먼저 식혜 독살설은 이렇게 반박했다. 밤 11시경 나인 신응선이 은그릇에 담은 식혜를 받쳤는데, 그중 10분의 2를 고종이 마시고 나머지는 나인 양춘기·이완응·최헌식·김옥기·김정완 등이 나누어 마셨는데 그 나인들은 모두 무사했다는 것이다.

의료 기록만 가지고 본다면 고종은 독살되지 않았다. 아마 고종을 죽음으로 이끈 뇌출혈의 직접적인 원인은 그의 머리를 짓누르고 있던 스트레스였을 것이다. 고종은 1919년에 갑자기 병이 깊어졌다. 그가 사망하기 전날 밤 11시에 받았던 시의侍醫들의 진찰에는 아무런 이상이 없었는데, 자정을 넘기고 오전 1시 45분경에 돌연히 뇌출혈이 발생했다고 한다. 당시 전의들의 의료 기록에도 고종이 졸중풍卒中風으로 매우 위독해져 사망했다고 나와 있다.

독약을 타서 시해하다

고종의 갑작스러운 죽음은 여러 가지 의문점이 많다. 고종의 망명을 준비했던 사람들은 한결같이 이 사실이 누설되어 일본이 독살한 것이라고 증언하고 있다. 일제가 편찬한 『순종실록』 부록에 고종의 와병 기록이 나오는 것은 1919년 1월 20일이다. 그러나 이 기록은 고종의 병명도 없이 그저 병이 깊어 그날 일본 도쿄에 있던 황세자(영친왕)에게 전보로 알렸다고만 되어 있다.

문제는 그날 밤 고종의 병세가 깊어지자, 숙직한 인물이 바로 일본의 자작 작위를 받은 이완용과 이기용이었다는 점이다. 그리고 다음 날 묘시에 고종은 덕수궁 함녕전咸寧殿에서 사망했다. 그러므로 고종의 임종을 지켜본 인물은 헤이그 밀사 사건 때 고종에게 "일본에 가 일황에게 사죄하든지 퇴위하라"고 윽박질렀던 이완용과 친일파뿐이었다.

고종이 1월 20일에 사망했는지 아니면 1월 21일에 사망했는지도 불분명하다. 그 사이 이완용과 이기용이 고종에게 어떤 짓을 했는지도 알 수 없다. 더구나 일본은 고종의 사망 사실을 하루 동안 숨겼다가 발표했는데, 그 방식도 신문 호외를 통한 비공식적인 것이었다. 병명은 사망의 경우에 흔히 갖다 붙이는 뇌출혈이었다.

고종이 나이도 들고 밤잠을 제대로 자지 못한다는 생활 습관이 있어 뇌출혈로 죽었다고 기록하는 것은 누가 봐도 의심할 여지가 없을 것이다. 그러나 일제가 조선총독부 칙령 제9호로 "이

고종의 독살설은 고종의 임종을 지켜본 이완용과 이기용, 독살의 혐의를 받고 있는 한창수·한상학 등의 이름이 실명으로 거론될 만큼 구체성을 띤다. 경기도 남양주시에 있는 고종과 명성황후 민씨의 능인 홍릉.

태왕이 돌아가셨으므로 오늘부터 3일간 가무음곡을 중지한다"라고 결정한 것은 1월 27일이었다. 일주일이 지난 뒤에야 이런 칙령을 내려 뒷북을 치고 있는 것이다.

이 일주일 동안 조선총독부와 일본 정부 사이에 무슨 일이 있었는지는 추측만 가능할 뿐이다. 독립운동가들은 고종을 독살한 장본인으로 두 인물을 지목한다. 이왕직李王職 장시국장掌侍局長이자 남작 직위를 받은 한창수韓昌洙와 시종관侍從官 한상학韓相鶴이 일제의 하수인으로 고종을 독살했다는 것이다.

이증복李增馥은 『연합뉴스』(1958년 12월 16~19일)에 1919년 12월 19일(양력) 밤에 두 한씨가 독약이 들어 있는 식혜를 올려 독살했다고 적고 있다.

성신여자대학교 구양근 교수가 일본 외무성 외교 사료관에서 찾아낸 국민대회 명의의 성명서에는 이 독살설을 지지하는 기록이 나온다. 고종이 사망한 그달에 열린 국민대회 성명서가 그것인데, 그 내용 중에 "그들(이완용·송병준 등 친일파)은 출로出路가 막히자 후일을 두려워해 간신배를 사서 시해하기로 했다. 윤덕영尹德榮·한상학 두 역적을 시켜 식사 당번을 하는 두 궁녀로 하여금 밤참에 독약을 타서 올려 시해했다"라는 것이다.

이처럼 고종의 독살설은 단순한 설이 아니라 고종의 임종을 지켜본 이완용과 이기용, 독살의 혐의를 받고 있는 한창수·한상학·윤덕영 등의 이름이 실명으로 거론될 만큼 아주 구체성을 띠고 있다.

고종의 독살설이 시중에 널리 유포되고 이를 사실로 확신하게 된 것은 이런 구체적인 정황 때문이다. 게다가 일제가 비밀을 지키기 위해 두 궁녀를 살해했다는 사실에 이르면 믿지 않을 사람이 없었을 것이다.

순종

1874~1926
재위 1907.7~1910.8

제27대

수두와 두창을 앓다

순종은 1874년(고종 11) 고종과 명성황후 사이에서 태어난 대한제국의 마지막 황제다. 1907년(융희 1) 7월 일제의 강요와 친일파의 매국 행위로 왕위에서 물러난 고종의 선위를 받아 대한제국의 제2대 황제로 즉위하고, 연호를 융희隆熙로 고쳤다. 이복동생 영친왕을 황태자로 세우고, 거처를 덕수궁에서 창덕궁으로 옮겼다. 한일신협약(1907년)을 체결하고 일본인의 대한제국 관리 임용을 허용해 사실상 국내 정치는 일본으로 넘어갔다.

순종은 불행한 역사만큼이나 건강이 좋지 않았다. 출생 후 100일 무렵에 수두를 앓았다. 6세 때는 두창을 앓았으며, 11세 때는 건강이 좋지 못했다. 25세 때는 체설 증상으로 건강이 좋지 못했다. 27세 때는 체한 것 같은 증상으로 몸이 불편했다. 순종이 즉위한 34세 때는 다리가 피로하고 건강이 좋지 못했는데, 의관 이학호李鶴浩 등이 진찰한 바에 따르면 맥도에 깜짝깜짝 놀라는 증세가 있어 빨리 회복되지 않을 것이라고 했다.

　　37세 때 순종은 치과 질환이 있었고, 체증이 있었다. 41세 때 치아가 아파 치료를 받은 기록이 있으며, 43세 때는 발에 불편한 증상이 있었다. 44세 때는 발 부위에 조그만 종기가 있었고, 치아가 아파 치과 진료를 받았다. 47세와 49세 때에는 다리가 불편했으며, 51세 때도 다리가 편치 않아 오르내리는 데 어려움이 많았다.

　　순종은 53세 때 변비 증상이 있었고, 다리가 편치 않았을 때부터 부종이 있었는데 창비脹痞(배가 몹시 부르며 속이 그득하고 관절과 근육에 산통痠痛이나 구급拘急 등이 발생하는 질병) 증상도 생겨서 소화가 잘 되지 않았다. 이 무렵 순종은 양약洋藥 외에도 이중탕류의 한약을 자주 복용했다.

　　순종 이전 조선의 의학 수준은 매우 낙후되어 있었지만, 고종을 거쳐 순종시대에는 서양 의학이 들어오면서 의학 수준이 높아졌다. 그뿐만 아니라 내의원에도 치료를 전담하는 서양 의술을 배운 정식 의사가 있었다.

　　그런데도 순종은 왜 53세라는 젊은 나이에 사망했을까? 보통

대한제국의 마지막 황제인 순종은 불행한 역사만큼이나 건강이 좋지 않았다. 태어난 지 100일 무렵에 수두, 6세 때는 두창을 앓았다.

사람이 젊은 나이에 죽으면 두 가지 이유를 들고 있다. 하나는 어려서부터 유약해 그 생을 다하지 못하고 시름시름 앓다가 죽는다. 그래서 대부분의 조선 왕들이 젊은 나이에 죽거나 독살에 의해 사망하면 모두 심장마비로 사망했다고 기록했다. 그래서인지 순종 역시 사망 원인을 심장마비로 기록하고 있다.

순종이 앓았던 질병과 의술을 담당했던 의원을 살펴보면, 순종이 발에 병을 앓자 전의 서병효徐丙孝와 전의 촉탁 안상호安商浩 등이 입진했다. 순종의 부종과 창비 증상에는 전의 김동석金東錫과 촉탁의사인 조선총독부 의원 이와부치 도모지岩淵友治가 같은 날 입진했다. 순종이 사망하기 4일 전에도 김동석, 안상호, 이와부치 도모지가 입진했다. 당시 순종은 한약을 복용하고 주사를 맞으며 서양 의학적 치료를 받았다.

음식물이 체해 일어나는 설사

순종이 앓았다는 체설은 먹은 음식물이 체해 일어나는 설사를 말한다. 흔히 사람이 설사를 하면 우선 의심하는 것이 음식이 잘못되어 설사를 하는 것으로 판단해버린다. 현대인들에게는 만성적인 설사가 하나의 생활 방식이 되었다. 물론 주변 환경이 더 열악했던 조선시대 사람들에게는 더욱 그러했을 것이다.

체설은 해결할 수 없는 과민성 장, 소화 과정을 방해하는 효소의 부족, 당뇨가 있거나 음식 알레르기 혹은 음식 분해 장애, 갑상선기능항진증 혹은 췌장의 장애, 염증성 장질환, 외과적 수술로 장의 일부를 제거한 경우, 장에 문제가 생겨서 음식을 흡수하지 못하는 경우 발생한다. 순종은 체설 증상이 한동안 계속되다가 27세에는 체한 증상으로 몸이 불편했다고 기록한 것으로 보아 과민성 혹은 염증성 장질환으로 의심된다.

아침에 대게 무른 변을 볼 때 과민성 혹은 신경성일 가능성이 높다. 설사로 밤에 깨게 되면 갑상선기능항진증, 당뇨병, 염증성 장질환 등을 고려해야 하는데 순종은 바로 이에 해당한다고 볼 수 있다.

다음으로 순종의 질병은 43세 때부터 죽을 때까지 앓았던 다리의 부종이다. 부종은 조직 내에 림프액이나 조직의 삼출물 등의 액체가 고여 과잉 존재하는 상태를 의미한다. 그 원인으로는 전신 부종과 국소 부종으로 분류해 원인을 평가해볼 수 있다. 전신 부종은 일반적으로 심장질환, 신장질환, 간질환이 원인이 되는 경우가 많다. 국소 부종은 국소적인 순환 이상에 의해 발생하며, 림프부종이나 정맥 순환 이상 혹은 약물에 의한 원인 등도 고려해볼 수 있다.

특히 순종이 부종을 앓다가 갑자기 심장마비로 사망했는데, 실제 전신 부종의 증상에는 심장질환이 포함된다. 다만 순종은 다리 국소 부종이 있었는데, 국소 부종의 증상으로는 림프부종, 만성 정맥 부전증, 악성 종양 등이 발생한다.

마지막으로 순종이 앓았다는 구급이라는 질병이 있다. 구급이란 양 옆구리兩脇, 팔다리四肢, 아랫배少腹의 근육이 수축해서 펴거나 오므리는 것이 잘 안 되는 증세를 말한다. 사지 구급은 근병筋病에 속하고 육음六淫으로 근맥筋脈이 손상되거나, 혈허血虛로 근육에 영양을 못 주어 발생한다. 간의 기능장애로 생기면 양 옆구리에 오고, 신양腎陽 부족으로 생기면 방광의 기화氣化 작용이 안 되어 아랫배가 구급하고 소변이 잘 통하지 않는 것을 말한다.

이런 증상은 몸이 쇠약해서 장기가 제 기능을 하지 못할 경우 생긴다고 볼 수 있다. 순종은 부종과 체설로 소화 기능이 약했고, 그로 인해 구급 증상이 함께 온 것으로 보인다.

고자와 무자식

구한말 학자이자 우국지사인 황현黃玹의 『매천야록梅泉野錄』에는 순종이 고자鼓子로 태어났다고 하며, 어린 시절 궁녀가 그의 생식기를 빨아서 그렇게 되었다고 쓰여 있다. 나이가 점점 들었지만 그의 생식기는 아주 작았고 시도 때도 없이 오줌이 흘러나와 하루에 두 번씩 바지를 갈아입어야 했다.

혼례를 치른 지 수년이 지났지만 부부 관계를 제대로 하지 못해 명성황후가 미쳐 날뛰었다. 명성황후는 궁녀를 시켜 성교하는 방법을 가르치게 했다. 명성황후는 문밖에서 "되느냐 안 되느냐"라고 궁녀를 다그쳤고, 궁녀가 "안 된다"라고 답하자 주저앉아 한숨을 쉬면서 가슴을 쳤다고 한다.

명성황후는 순종을 금지옥엽으로 키웠다. 원자가 잘되기를 비

순종은 부인 2명을 두었으나 슬하에 자녀는 두지 못했다. 경기도 남양주시에 있는 순종과 순명효황후 민씨와 순정효황후 윤씨의 능인 유릉.

는 제사를 팔도강산을 두루 돌아다니며 지냈다. 하루에만 천금이나 되는 비용이 지출되었고, 결국 1년이 채 못 돼 흥선대원군이 비축해놓은 재물을 모조리 탕진하고 말았다.

그런데 순종의 생식 불능이 원래 타고난 것인지는 알 수가 없다. 다만 명성황후는 고종과의 사이에서 첫 아이를 낳았지만, 그 아이가 죽은 일이 있었다. 다시 말해 기형아 출산 경험이 있었기 때문에 순종 역시 성불구가 아닌지 의심이 가지만 정확하지는 않다.

순종은 순명효황후 민씨와 순정효황후 윤씨를 부인으로 두었으나 슬하에 자녀는 두지 못했다. 순정효황후 윤씨는 해풍부원군 윤택영尹澤榮의 딸이다. 순종의 첫 번째 황태자비 순명효황후 민씨가 1904년 세상을 떠나자, 1906년 황태자비에 책봉되어 입궁했다. 1907년 순종이 황위에 오름에 따라 황후가 되었으며, 그 해 여학女學에 입학해 황후궁에 여시강女侍講을 두었다.

1910년 일제가 조선의 국권을 강탈할 때 순정효황후는 병풍 뒤에서 어전 회의를 엿듣고 있었다고 한다. 너무나 막중한 시기라 도저히 그냥 있을 수 없었기 때문이었지만, 그만큼 배포도 있는 여인이었다.

순종의 재위 기간은 일본의 침탈로 얼룩졌다. 그리고 끝내 송병준, 이완용 등 친일파와 일본 정부의 야합에 의해 주권을 상실하게 되어 조선의 519년의 역사는 끝나고 말았다. 결국 1910년 8월 29일 조선은 종말을 맞은 것이다.

순종은 폐위된 후 16년 동안 창덕궁에서 머물다가 53세의 나이로 세상을 떠났다. 이렇다 할 치적은 없고, 고종과 더불어 실록청實錄廳에서 『순종실록』을 기록한 것이 아니라 일본의 지시를 받아 작성되어 그 기록 또한 신뢰할 수 없다.

참고문헌

1. 논문과 단행본

강영민, 『조선시대 왕들의 생로병사』, 태학사, 2002년.
———, 『조선 왕들의 생로병사』, 이가출판사, 2009년.
고대원 외, 『조선왕조 건강실록』, 트로이목마, 2017년.
기호철 외, 「조선 후기 한양 도성 내 토양 매개성 기생충 감염 원인에 대한 역사 문헌학적 고찰」, 『의사학』, 22(1), 89~130쪽, 2013년.
김경은, 『한·중·일 밥상문화』, 이가서, 2012년.
김동, 「조선 전기 군왕의 질병에 관한 연구」, 원광대학교 박사학위논문, 1997년.
김동·맹웅재, 「조선 전기 군왕의 질병에 관한 연구」, 『대한한의학원전학회지』, 10(2), 1997년.
김병조, 「중종 대왕의 병마 일지에 대한 고찰」, 대구한의과대학 석사학위논문, 1985년.
김병조·김유성, 「정조 대왕 임종 시의 병마 일지에 대한 고찰」, 『대한한방내과학회지』, 13(2), 16~26쪽, 1992년.
김상보, 『사상 체계로 본 조선 왕조의 연향식·일상식·절식문화』, 영광, 2006년.
———, 『조선시대의 음식 문화』, 가람기획, 2006년.
———, 『조선 왕조 궁중음식』, 수학사, 2004년.
———, 『한국의 음식생활문화사』, 광문각, 1997년.
———, 「17~18세기 조선 왕조 궁중 연향 음식 문화」, 『조선 후기 궁중연향문화 1』, 민속원, 2003년.
———, 「19세기 조선 왕조 궁중 연향 음식 문화」, 『조선 후기 궁중연향문화 2』, 민속원, 2005년.
———, 「20세기 조선 왕조 궁중 연향 음식 문화」, 『조선 후기 궁중연향문화 3』, 민속원, 2005년.

김유성·강효신,「중종 대왕의 병상 일지에 대한 고찰」,『동서의학연구』, 9(4), 14~25쪽, 1984년.
김이리,『조선의 궁중 비화』, 주변인의길, 2017년.
김인숙,「인조의 질병과 번침술」,『의사학』, 13(2), 198~218쪽, 2004년.
김정선,「조선시대 왕들의 질병 치료를 통해 본 의학의 변천」, 서울대학교 대학원 박사학위논문, 2005년.
김훈,「조선시대 효종의 질병 및 사인에 관한 고찰」,『한국의사학회지』, 17(2), 129~144쪽, 2004년.
니나 타이숄스, 양준상·유현진 옮김,『지방의 역설』, 시대의창, 2016년.
다쓰가와 쇼지, 황상익 편역,『재미있는 질병과 인간의 역사』, 동지, 1991년.
리사 랭킨, 이문영 옮김,『치유 혁명』, 시공사, 2014년.
리타 카터, 장성준 옮김,『뇌』, 21세기북스, 2010년.
박성래,「조선 왕조의 출산력」,『보건학 세미나: 역사 속의 보건학』, 서울대학교 보건대학원, 51~56쪽, 1981년.
박영규,『조선 왕 시크릿 파일』, 옥당북스, 2018년.
박종기,『동사강목의 탄생』, 휴머니스트, 2017년.
방성혜,「피부 질환에 사용된 발효 한약에 관한 문헌 고찰」,『한국한의학연구원논문집』, 17(3), 53~60쪽, 2011년.
――――,『조선, 종기와 사투를 벌이다』, 시대의창, 2012년.
변석미 외,「조선 역대 왕의 피부병에 대한 고찰:『조선왕조실록』을 중심으로」,『한방안이비인후피부과학회지』, 23(3), 172~201쪽, 2010년.
서민,「기생충 질환의 최신지견」,『대한내과학회지』, 85(5), 469~480쪽, 2013년.
송영심,『음식 속 조선 야사』, 팜파스, 2017년.
안선정·이대홍·유지은,「외국인들의 한국 음식에 대한 적응도가 메뉴별 선호도에 미치는 영향에 관한 연구: 다문화 거주인을 중심으로 하여」,『한국외식산업학회지』, 7(2), 25~44쪽, 2011년.
왕런샹, 주영하 옮김,『중국 음식 문화사』, 민음사, 2010년.
윤한용·윤창열,「『조선왕조실록』에 나타난 조선 중기 제왕들의 질병과 사인 연구」,『한국의사학회지』, 14(1), 125~151쪽, 2001년.
이덕일,『누가 왕을 죽였는가』, 푸른역사, 2002년.
――――,『조선 왕 독살사건』(전2권), 다산초당, 2018년.
――――,『조선왕조실록』(전3권), 다산초당, 2018년.
이사도어 로젠펠트, 김동일·배재익·황태현 옮김,『내 몸 증상 백과』, 한문화, 2014년.

이상곤, 『왕의 한의학』, 사이언스북스, 2014년.
이상태, 『조선역사 바로잡기』, 가람기획, 2001년.
이성주, 『왕들의 부부싸움』, 애플북스, 2017년.
이영훈, 『세종은 과연 성군인가』, 백년동안, 2018년.
이한우, 『선조 : 조선의 난세를 넘다』, 해냄, 2007년.
———, 『성종 : 조선의 태평을 누리다』, 해냄, 2006년.
———, 『숙종 : 조선의 지존으로 서다』, 해냄, 2007년.
———, 『정조 : 조선의 혼이 지다』, 해냄, 2007년.
———, 『태종 : 조선의 길을 열다』, 해냄, 2005년.
이해웅·이상협·김훈, 「조선 전기 임금들의 피부병에 관한 고찰」, 『한국의사학회지』, 27(2), 145~157쪽, 2014년.
이해웅·김훈, 「조선시대 선조의 질병에 관한 고찰」, 『대한한의학원전학회지』, 15(2), 101~119쪽, 2002년.
장위싱, 허유영 옮김, 『중국 황제 어떻게 살았나』, 지문사, 2003년.
정구선, 『조선 왕들, 금주령을 내리다』, 팬덤북스, 2014년.
정승호·김수진, 「음식과 질병을 통해 본 조선 왕들의 생로병사에 관한 연구」, 『한국외식산업학회지』, 12(3), 171~189쪽, 2016년.
———————, 「음식이 조선 왕들의 질병과 사망에 미친 영향에 관한 연구」, 『한국외식산업학회지』, 15(3), 67~84쪽, 2019년.
———————, 「조선 왕들의 질병과 사망 원인」, 『인문사회연구』, 한국연구재단, 2019년.
제임스 모리슨, 신민섭·오서진·최정인·김일중 옮김, 『한결 쉬워진 정신장애 진단』, 시그마프레스, 2015년.
조봉완, 『궁내의 살인』, 다트앤, 2017년.
최성웅·김경자, 「식생활 라이프스타일에 따른 약선 음식 기호도 및 인식이 고객 충성도에 미치는 영향」, 『한국외식산업학회지』, 9(2), 59~71쪽, 2013년.
최현석, 『우리 몸 사전』, 서해문집, 2017년.
한식재단, 『조선 왕실의 식탁』, 한림출판사, 2014년.
허정, 『에세이 의료 한국사』, 한울, 1995년.
홍성봉, 「조선조 역대 왕의 수명과 그 원인」, 『한국인구학』, 14(1), 35~46쪽, 1991년.
홍윤철, 『질병의 탄생』, 사이, 2014년.
황상익 편, 『문명과 질병으로 보는 인간의 역사』, 한울림, 1998년.
황혜성, 「왕에게 바치는 일상 음식」, 『조선 왕조 궁중음식 무형문화재조사보고서』, 문화공보부 문화재관리국, 65~66쪽, 1971년.

黃慧性·石毛直道,『韓國の食』, 平凡社, 1987.

Dennis F. Fiorino, Ariane Coury, and Anthony G. Phillips, 「Dynamic changes in nucleus accumbens dopamine efflux during the Coolidge effect in male rats」,『Journal of neuroscience』, 17(12), pp.4849~4855, 1997.

Martin Hammer, 「An identified neuron mediates the unconditioned stimulus in associative olfactory learming in honeybees」,『Nature』, vol.366, pp.59~63, 1993.

Thomas McKeown, R. G. Brown, 「Medical evidence related to English population changes in the eighteenth century」,『Population Studies』, 9(2), pp.119~141, 1955.

2. 고문헌

『거가필용居家必用』

『경국대전經國大典』

『고려사高麗史』

『고려사절요高麗史節要』

『고봉집高峯集』

『공사견문록公私見聞錄』

『공자가어孔子家語』

『금궤요략金匱要略』

『난경難經』

『단계심법丹溪心法』

『단암만록丹巖漫錄』

『단종출손기端宗黜遜記』

『당의통략黨議通略』

『대사편년大事編年』

『대학연의大學衍義』

『동각잡기東閣雜記』

『동의보감東醫寶鑑』

『명사明史』

참고문헌

『병자록丙子錄』
『본초강목本草綱目』
『산가요록山家要錄』
『성호사설星湖僿說』
『수문록隨聞錄』
『승정원일기承政院日記』
『식료찬요食療纂要』
『아성잡설鵝城雜說』
『약방일기藥房日記』
『연려실기술燃藜室記述』
『영남야언嶺南野言』
『영접도감의궤迎接都監儀軌』
『오행지五行志』
『용비어천가龍飛御天歌』
『원행을묘정리의궤園幸乙卯整理儀軌』
『월정만필月汀漫筆』
『육신록六臣錄』
『음애일기陰崖日記』
『의방유취醫方類聚』
『이향견문록吏鄉見聞錄』
『일성록日省錄』
『정읍군지井邑郡誌』
『조선왕조실록朝鮮王朝實錄』
『조선요리학朝鮮料理學』
『죽창한화竹窓閑話』
『청사고淸史稿』
『청파극담靑坡劇談』
『축수록逐睡錄』
『태의원일기太醫院日記』
『파수편破睡編』
『한중록閑中錄』
『홍륜열전洪倫列傳』
『황제내경黃帝內經』
『효경孝經』

**조선의 왕은
어떻게 죽었을까**

ⓒ 정승호·김수진, 2021

초판 1쇄 2021년 5월 7일 펴냄
초판 3쇄 2021년 6월 17일 펴냄

지은이 | 정승호·김수진
펴낸이 | 강준우
기획·편집 | 박상문, 고여림
디자인 | 최진영
마케팅 | 이태준
관리 | 최수향
인쇄·제본 | ㈜삼신문화

펴낸곳 | 인물과사상사
출판등록 | 제17-204호 1998년 3월 11일

주소 | (04037) 서울시 마포구 양화로7길 6-16 서교제일빌딩 3층
전화 | 02-325-6364
팩스 | 02-474-1413

www.inmul.co.kr | insa@inmul.co.kr

ISBN 978-89-5906-602-5 03910

값 17,000원

이 저작물의 내용을 쓰고자 할 때는 저작자와 인물과사상사의 허락을 받아야 합니다.
파손된 책은 바꾸어 드립니다.